CADMOS
HUNDEPRAXIS

Fährtenarbeit

Spurensuche mit dem Hund

CADMOS HUNDEPRAXIS

Lesen
Lernen
Wissen

Werner Biereth

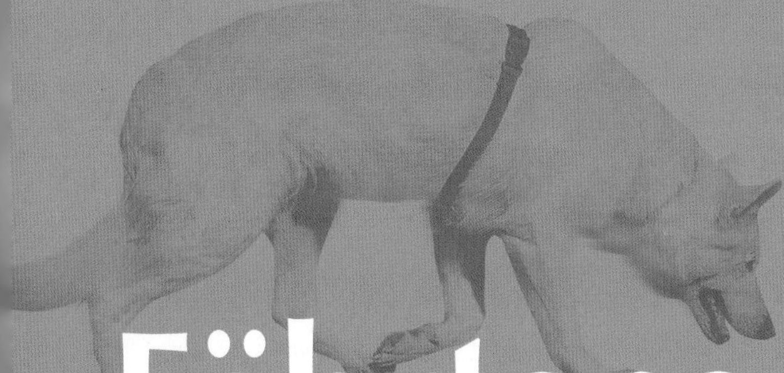

Fährtenarbeit

Spurensuche mit dem Hund

CADMOS

Copyright 2008 by Cadmos Verlag GmbH, Brunsbek
Layout und Satz: Ravenstein + Partner, Verden
Fotos: Dr. Gabriele Lehari
Lektorat: Dr. Gabriele Lehari
Druck: agensketterl Druckerei, Mauerbach

Printed in Austria

ISBN 978-3-86127-732-3

Inhalt

Vorwort

Dass jeder Hund suchen kann, ist allgemein bekannt. Wenn nicht durch unsinnige Zucht organische Mängel oder abartige körperliche Verhältnisse erzeugt wurden, bringt jeder Wolfserbe die Voraussetzungen für die Fährtenarbeit mit.

Dennoch erleben wir im Hundesport auch bei „großen" Prüfungen immer wieder, dass gerade die Disziplin Fährte enorme Schwierigkeiten bereitet und Hundeführer durchaus skeptisch in diesen Teil der Gebrauchshundeprüfung gehen. Dies ist nicht neu, sondern hat schon vor Jahren Fachleute überrascht. Dabei ist eigentlich alles über die Voraussetzungen zum Suchen bekannt.

Dieses Buch erhebt deshalb nicht den Anspruch, die Fährtenarbeit neu zu erfinden, sondern will auf Grundlage bekannter theoretischer und methodischer Erkenntnisse Anfängern und Fortgeschrittenen im Hundesport helfen, diese oft wenig geliebte Disziplin besser zu verstehen und besser zu bewältigen. Entstanden ist die Schrift nach jahrelanger praktischer Erfahrung im Hundesport, vor allem auch bei der Ausbildung neuer, begeisterter Fährtenfans.

Sollten gerade auch erfahrene Hundesportler Anregungen aus dem Geschriebenen mitnehmen, würde mich das freuen, denn die Qualität unserer Ausbildung wird wesentlich den weiteren Weg des Sports mit Hunden entscheiden – entweder in eine neue Zukunft oder in die Vergessenheit.

Schließlich möchte ich möglichst vielen Hobbyhundesportlern einen Anstoß dazu geben, beim Hundesport mitzumachen. Denn nur durch den öffentlichen Auftritt artgerecht gehaltener und ausgebildeter Hunde können wir unsachlichen Anfeindungen, auflagengierigen Pressekampagnen und daraus folgenden widersinnigen Gesetzen entgegenwirken.

Ein guter „Sucher“ muss ausdauernd und wesenssicher sein.

Voraussetzungen für die Fährtenarbeit

Jeder Hund kann suchen. Er verfolgt, auch wenn Sie das vielleicht gar nicht wollen, ohne Probleme eine Wildspur. Ein Rüde findet leicht eine hitzige Hündin, von der Sie selbst nichts sehen oder wissen. Nur eines kann ein Hund nicht von sich aus – die Spur eines Menschen verfolgen.

Der Grund ist, dass Hunde nur Verhaltensweisen zeigen können, die genetisch angelegt sind, deren Voraussetzungen sie also von Geburt an besitzen. Um ein Verhalten zu zeigen, muss der Organismus Motivationen (Triebe) aufweisen, die zu eben diesem Verhalten führen, und das sind ausschließlich solche, die für seine Lebenserhaltung notwendig sind, also im Wesentlichen Triebe zur Nahrungsaufnahme, zum Beutemachen, zur Fortpflanzung oder zu seiner Fähigkeit, soziale Bindungen einzugehen.

Das Verfolgen einer Menschenfährte ist für Hunde grundsätzlich nicht notwendig, weil ihnen das keinen Vorteil bringt. Genau hier setzt unsere Aufgabe als Ausbilder ein: Wir müssen die Fährtenarbeit so aufbauen, dass unser Hund einen Vorteil daraus zieht.

Wenn wir die sportliche Fährtenarbeit zum Ziel haben, sollten wir dennoch wissen, was einen guten „Sucher" ausmacht. Er sollte wesenssicher sein, also weder ängstlich noch aggressiv. Er muss ausdauernd sein, sowohl körperlich als auch psychisch, er sollte kein Raufer sein und keinen zu starken Jagdtrieb besitzen. Sein Körperbau muss ihm ermöglichen, lange Zeit die Nase tief am Boden zu halten.

Der Tiermediziner Dr. J. L. Hansmann weist darauf hin, dass ein Fährtenhund einen großen, möglichst tiefschwarzen Nasenspiegel haben sollte. Helle oder farblose Flecken dürfen nicht erkennbar sein. Offensichtlich hängt eine gute Pigmentierung direkt mit der Leistungsfähigkeit der Geruchssinneszellen zusammen. Der Nasenspiegel sollte kühl und gut durchfeuchtet sein. Nach Dr. Hansmann schwillt er bei intensivem Suchen an und füllt sich wie ein Schwamm mit Feuchtigkeit. Hunde mit extrem kurz gezüchteten Nasen, die nur schwer atmen können, sind nicht zu gebrauchen. (Die Frage, warum es überhaupt solche Hunde gibt, sollte man sich ohnehin stellen.) Auch der Hundeführer muss für diese sportliche Betätigung mit dem Hund geeignet sein. Er muss die Grundvoraussetzungen jedes Hundebesitzers mitbringen: Auch er muss „wesenssicher" sein, sich selbst unter Kontrolle haben und Autorität besitzen (das Gegenteil von autoritär sein).

Der Hundeführer sollte sich im Klaren darüber sein, dass Fährtenarbeit viel Trainings- und damit Zeitaufwand und sehr viel Geduld erfordert. Bevor er mit dem Hund arbeitet, sollte er sich Kenntnisse über das Lebewesen Hund und dessen Lernmöglichkeiten aneignen und Wissen über das Fährten an sich besitzen.

Und wie für jede Arbeit mit einem Hund erfordert auch das Suchen eine enge gegenseitige Bindung und Zuneigung.

Durch die Bodenverletzung entsteht ein Duft, der zum Fährtenmischgeruch beiträgt.

Die Nase des Hundes und die Fährte

Das Geruchsorgan ist das am besten ausgebildete Sinnesorgan der Hunde. Das Riechvermögen entwickelt sich bereits ab dem 16. Lebenstag und bleibt lebenslang das entscheidende Orientierungsmittel. Bekannt ist, dass Hunde Buttersäure in 100 Millionen Mal stärker verdünnter Substanz riechen können als wir Menschen. Die untere Riechschwelle von Hunden liegt bis zu 100-mal niedriger als bei uns. Ausgebildete Fährtenhunde können durchaus Fährten ausarbeiten, die über 48 Stunden alt sind. Nachgewiesen sind korrekt verfolgte Spuren, die über zehn Kilometer lang waren. Dabei überquerten die Hunde asphaltierte Wege, zerfahrenes Gelände und die verschiedensten Bodenarten. Die Frage, was der Hund sucht und an welchem Geruch er sich orientiert, wird schon lange und kontrovers diskutiert. Ist es der Menschengeruch, den er verfolgt, oder der Eigengeruch des Bodens?

Schon der Altmeister der Hundeausbildung, Konrad Most, baute ein sogenanntes Fährtenrad, auf dem Schuhformen montiert waren. Durch Fortbewegung an einem Seil wurden „Schuheindrücke" erzeugt, ohne dass ein Mensch die Spur betrat. Die Hunde verfolgten diese Fährte ohne Probleme.

Dr. Hansmann, früher Leiter der Bayerischen Diensthundeschule, verwehrte sich vehement gegen die Meinung, durch Schuhe und Kleidung des Fährtenlegers würden Duftspuren auf der Spur abgelagert, an denen sich der Suchhund orientiert.

Andererseits: Wenn nur der Boden fährtenleitend ist, wie kann dann ein Hund über verschiedene Bodenarten (Gras, Acker, Wald) einer Fährte folgen, die am Anfang anders riechen muss als am Schluss? Außerdem wurde in der ehemaligen DDR durch Versuche bewiesen, dass ein Fährtenhund unter verschiedenen Fährten diejenige aufnehmen kann, deren Verursacher (Fährtenleger) er vorher abgerochen hat. Fassen wir das alles zusammen, dürfte wohl die heute vorherrschende Ansicht stimmen, dass wir es mit einem Fährtenmischgeruch zu tun haben, der den Hund über die Fährte leitet.

Die Entwicklung des Fährtenmischgeruches

Mit Ausnahme von stark befestigten oder mit einem künstlichen Belag versehenen Bodenflächen verändern (verletzen) wir beim Betreten mit jedem Schritt die vorhandene Substanz. In jedem natürlichen Boden befinden sich unzählige Organismen und damit auch Duftstoffe, die sich entfalten oder die vergehen. Jeder Grashalm, den wir zertreten, verliert Pflanzensaft, der sich biochemisch verändert und durch Millionen von Bakterien zerstört wird. Durch den Fußtritt kommen im Boden vorhandene Keime nach oben oder sie verfallen. Wer von uns kennt nicht den intensiven Geruch eines im Frühjahr frisch gepflügten Feldes? Wenn selbst wir mit unserem gering entwickelten Geruchssinn diese „Bodenzerstörung" riechen können, ist leicht zu verstehen, wie viel geringere Geruchsspuren die Nase des Hundes wahrnehmen kann.

Auch der Fährtenleger bringt Geruchsspuren hinzu. So ist bekannt, dass jeder Mensch stündlich bis zu 600.000 winzige Hautpartikelchen abstößt und verliert, auch sondern wir pro Tag bis zu 800 Milliliter Schweiß aus unseren Poren ab. Anzunehmen ist, dass auch Lederschuhe bei jedem Schritt spezifische Duftabsonderungen hinterlassen. All diese Geruchsreste legen sich ebenfalls auf und um die Bodenfährte. Das entstehende Gemisch, eben der Fährtenmischgeruch, macht als Gesamtmixtur jede einzelne Spur spezifisch und für unsere Hunde identifizierbar. Nur so ist erklärbar, dass ausgebildete Hunde auch Verleitungen, also Kreuzungen verschiede-

Ackerboden und warmes Wetter sind ideal für die Fährtenarbeit geeignet.

ner Fährten, problemlos bewältigen. Die menschlichen Geruchspartikel fallen aber nicht direkt auf die Bodenspur, sondern sie verteilen sich, schweben in der Luft und werden vom Wind aufgewirbelt. Wir können deshalb davon ausgehen, dass die menschlichen Geruchsanteile am Fährtenmischgeruch geringer werden, je älter die Fährte ist. Wir müssen berücksichtigen, dass die in der Luft schwebenden Partikel dem Hund erlauben, eine Spur zu verfolgen, ohne seine Nase tief am Boden „in der Fährte" zu halten. Dies kann zu unsauberer Arbeit des Hundes an den Winkeln führen, doch dazu kommen wir später.

Da wir bei weichem oder dicht bewachsenem Boden stärkere Verletzungen der Bodenoberfläche verursachen als bei ausgetrockneten oder gefrorenen Oberflächen, ist klar, dass es mehr oder weniger günstige Voraussetzungen für das Fährtenlegen gibt. Bakterien und Organismen lieben es warm und feucht, starke Hitze oder Kälte sind für ihre Entwicklung ungünstig. So ergeben sich Kriterien für das Fährtengelände.

Günstig für die Fährtenarbeit:

- *Acker, Wiesen, Waldboden, möglichst wenig begangen oder befahren*
- *feuchtes, warmes Wetter*
- *warmer Sprühregen, Tau*

Ungünstig für die Fährtenarbeit:

- *verfestigte, harte Böden*
- *starke Hitze und Trockenheit, Frost*
- *heftiger Wind*

Viele Hundesportler meinen, auch starker Regen würde die Fährte auslöschen. Aus eigener Erfahrung kann ich dies nur bei sehr hartem Boden bestätigen. Auf Ackergelände können ausgebildete Hunde auch Spuren ausarbeiten, die mehrere Stunden starkem Regen ausgesetzt waren. Fallen dagegen mehrere Zentimeter Schnee auf eine gelegte Fährte, kann der Hund diese nicht bewältigen.

Das Suchen mit tiefer Nase muss erst gelernt werden.

Suchverhalten des Hundes

In der Prüfungsordnung des Verbandes für das deutsche Hundewesen (VDH) wird verlangt: „Der Hund hat mit tiefer Nase intensiv dem Fährtenverlauf gleichmäßig zu folgen ... Nach dem Ausarbeiten der Winkel hat der Hund im gleichen Tempo weiterzuarbeiten.“ Beides ist für Hunde nicht selbstverständlich, sondern muss ihnen durch Training vermittelt werden.

Ein Wolf, der eine Beute verfolgt, wird eben nicht „mit tiefer Nase“ deren Spur verfolgen. Er sucht vielmehr in den Luftströmungen, kürzt Wege ab oder verlängert Wege, weil ihn der Wind in die falsche Richtung trieb. Dieses Suchverhalten haben Hunde bewahrt und setzen es heute für uns ein – Rettungshunde spüren verschüttete Menschen genau auf diese Weise auf. Sie haben die Nase „im Wind", sie stöbern und arbeiten sich an ihr Objekt heran. So wichtig diese Suchart für die Menschheit auch ist – im Hundesport ist sie nicht erlaubt. Aber keine Angst, unsere Hunde können sehr wohl unterscheiden, welches Suchen wir je nach Anlass von ihnen erwarten, auch dies ist „nur" eine Frage der Ausbildung. Ich kenne genügend Hunde, die als Trümmerhunde im Einsatz sind und trotzdem perfekte Sportfährten ausarbeiten. Sie haben gelernt, je nach Hörlaut (Befehl) und äußeren Umständen zu reagieren.

Wie bringe ich meinen Hund nun aber zum Suchen? Vor der praktischen Arbeit müssen wir die Theorie kennen, wissen, warum und wie ein Hund lernt. Viele Hundeführer bekommen nur deshalb Probleme, weil sie sich eben nicht mit diesen Grundlagen befasst haben. Sie sind überzeugt, durch die Praxis genügend Kenntnisse vom Hund zu haben. Natürlich wird jede theoretische Erkenntnis erst dann als richtig bestätigt, wenn sie in der Praxis erprobt wurde. Nur auf der praktischen Ebene zu verharren bedeutet aber in Wirklichkeit, ohne jedes Ziel vor sich hin zu wursteln, bedeutet nur probieren, nicht prüfen und verbessern.

Die im Organismus des Hundes angelegten Triebe (Motivationen) werden durch von außen einwirkende Reize ausgelöst und veranlassen den Hund zu einem bestimmten Verhalten. Ist das Ergebnis dieses Verhaltens für unseren Hund positiv, löst es Befriedigung und Glücksgefühle bei ihm aus. Somit wird dieses Verhalten verstärkt. Der Hund wird dieses Verhalten oft und gerne zeigen. Hat sich dagegen sein Verhalten als nutzlos erwiesen, wird er es abbauen oder sogar ganz einstellen. Die Verhaltensforscher sprechen hier von positiver oder negativer Verstärkung.

Weil jeder Hund im Wesentlichen sein Verhalten durch die in seinem Gehirn verankerten Erfahrungen steuert und sich danach verhält, wie er bisher positive Wirkungen erzielt hat, sprechen wir von „rückwärts bedingtem Verhalten".

Damit ein genetisch vorhandener Trieb durch Reize zu einem Verhalten führt, muss der Hund einen Mangelzustand aufweisen, er muss ein Bedürfnis haben. Ist ein Hund müde, wird er kaum spielen wollen, ist er dagegen ausgeruht, bringt ihn ein Ball oder eine Beißwurst (Reize) zur Aktivität. Ist ein Hund überfressen, wird ihn ein Hundekuchen kaum zu einem von uns gewünschten Verhalten verführen. Diese Erkenntnisse bei der Ausbildung zu vernachlässigen ist sträflich und dumm.

Hunde, die Gut und Schlecht unterscheiden, die komplizierte Probleme durchschauen, gibt es nur im Fernsehen. Der treue, unbestechliche Hund, der sich für seinen Herrn aufopfert, ist eine schöne Wunschvorstellung. Hunde sind aber in Wirklichkeit Lebewesen, die nur nach ihrem eigenen Vorteil suchen. Sie sind egoistisch und opportunistisch. Diese Feststellung beeinträchtigt in keiner Weise den Wert unserer Hunde und ist keine Geringschätzung ihrer Bedeutung für uns Menschen, sondern dient im Gegenteil dazu, die Bedeutung des Hundes für uns richtig zu erkennen. Und diese Feststellung ist deshalb wichtig, weil ihre Nichtbeachtung zu seelischer, oft auch zu körperlicher Misshandlung von Hunden führt.

Wenn ich weiß, dass ein Hund keine (menschlichen) Moralvorstellungen hat, kann ich ihn auch nicht bestrafen, wenn er eben diesen unsrigen Moralvorstellungen zuwiderhandelt. Ich kann nicht enttäuscht sein, wenn er wieder einmal etwas getan hat, „von dem er genau weiß, dass er es nicht tun soll". Ich kann aber das geschilderte Wissen ausnutzen, indem ich meinen Hund durch entsprechende Belohnung (Lob, Futter) dazu bringe, ein von mir gewünschtes Verhalten immer öfter zu zeigen. Das Gehirn des Hundes kann nämlich die gemachten Erfahrungen, positive und negative, speichern und gewissermaßen automatisieren. Durch einen bestimmten äußeren Reiz (Hörlaut, Geste) wird er veranlasst, das gespeicherte Verhalten abzuspulen – er hat gelernt.

Das Beuteobjekt am Ende der Fährte ist die Belohnung und somit die Motivation für den Hund.

Motivation für das Suchen

Ein Hund kann nur tun, wofür er schon die genetische Veranlagung besitzt. In der Literatur und unter Ausbildern herrscht heute Einigkeit, dass es im Wesentlichen drei Reizlagen gibt, die den Hund zum Fährten bringen: Beutetrieb, Meutetrieb und Jagdtrieb.

Beutetrieb

Der Beutetrieb des Hundes wird angesprochen, indem er am Ende der Spur sein Lieblingsspielzeug oder einen Ball findet, der die gewünschte Triebbefriedigung bringt. Beigebracht wird diese Motivationsart wie folgt:

Eine Hilfsperson hält den Hund an der Leine fest, während der Hundeführer sich unter ständigem „Liebmachen" des Spielzeugs entfernt. Der Hundeführer zeigt also immer wieder sein Objekt und verstärkt diese Motivation noch zusätzlich durch auffordernde Worte. Nach etwa 30 Schritten legt der Hundeführer das Spielzeug auf der Spur ab und geht auf der Fährte zu seinem Hund zurück, der sich jetzt in einer hohen Reizlage befindet. Der Hundeführer leitet das Tier zum Fährtenanfang und lässt es an der auf etwa zwei Meter ausgefahrenen Fährtenleine die Spur aufnehmen, begleitet von einem freundlichen und auffordernden Befehl „Such". In vielen Fällen wird der Hund Augen und Nase einsetzen, um zu seinem Ziel zu kommen. Setzt er die Nase ein, ist dies durch freudiges Lob zu bestätigen. Hat der Hund sein Spielzeug erreicht, darf er ausgiebig damit spielen. Durch ein Kommando des Hundeführers wird das Spiel beendet, das Spielzeug weggesteckt, die Fährtenleine entfernt und der Hund weggeführt.

Wichtig ist, dass das ausgewählte Spielzeug nicht zu Hause herumliegt, also für den Hund ständig erreichbar ist. Es muss etwas Besonderes darstellen, das es nur beim Suchen gibt. In langsamen Trainingsschritten wird die Fährte verlängert und das Spielzeug hinter einem Busch oder einer Bodenwelle abgelegt, damit der Hund seine Nase einsetzen muss, um zum Erfolg zu kommen. Auch darf der Hund im Verlauf des Trainingsaufbaus nicht mehr zuschauen, wie die Fährte gelegt wird. Schrittweise wird die Liegezeit der Fährte verlängert. Erst nach einer bestimmten Zeit wird dann der Hund an den gekennzeichneten Abgang geführt. Voraussetzung für den Erfolg ist das konsequente Einhalten der Triebbestätigung. Der Hund muss jedes Mal sein Beuteobjekt finden und damit spielen dürfen.

Meutetrieb

Arbeiten wir das Suchen über den Meutetrieb ein, nutzen wir die Bindung zwischen Hundeführer und Hund. Ist diese nur spärlich vorhanden, werden wir damit scheitern.

Zur Übung brauchen wir wieder eine Hilfsperson, die den Hund an der Leine festhält. Der Hundeführer entfernt sich mit lockenden Lauten von seinem Hund und geht nach einer gewissen Distanz hinter einer Hecke, einer Baumgruppe oder Ähnlichem in Deckung. Nun leitet die Hilfsperson den Hund an den Anfang der Spur und lässt ihn mit einem auffordernden „Such Herrchen/ Frauchen" die Fährte aufnehmen. Auch hier wird der Hund zunächst Nase und Augen zum Suchen einsetzen. Der Einsatz der Nase ist mit Lob zu verstärken. Hat der Hund seinen Besitzer gefunden, gibt es eine höchst freudige Begrüßung durch den Hundeführer. Auch bei dieser Version wird im Verlauf des Trainings Länge und Alter der Fährte gesteigert.

Jagdtrieb

Die dritte Form des Aufbaus der Fährtenarbeit schließlich ist die Nutzung des Jagdtriebes unserer Hunde. Diese Variante des

Trainingsaufbaus wird heute vorwiegend eingesetzt und ist in der entsprechenden Literatur ausführlich beschrieben, vor allem von Manfred Müller.

Triebbestätigend ist bei diesem Training das Finden und Aufnehmen eines Fleischstückes, also Futter. Damit haben wir den großen Vorteil, die inneren Voraussetzungen unseres Hundes, die Motivationsgrundlage, selbst zu beeinflussen – wir können den Hund hungrig auf die Fährte bringen. Bei den beiden anderen Aufbauarten können wir dagegen die Reizlage unseres Hundes nur sehr bedingt beeinflussen. Ein weiterer Vorteil ist, dass wir hier keine Hilfsperson benötigen, mit unserem Hund also allein sein und so wahrscheinlich wesentlich konzentrierter arbeiten können.

Wir beginnen das Suchen über den Jagdtrieb mit einer Futterfährte. Dazu brauchen wir ein Stück Fleisch, Kutteln oder Ähnliches, das wir in einem Netz oder an einem Haken mit einer kurzen Leine verbinden. Am Beginn der Fährte, dem Abgang, treten wir eine dreieckige Fläche mit einer Schenkellänge von etwa einem Meter gut aus und betupfen die entstandene Fläche ausgiebig mit dem Fleischstück. Dann treten wir eine etwa 20 Schritte lange Fährte, wobei wir das Fleisch auf der Fährte hinter uns herziehen. Weil das Fleisch die Mitte der Fährte markieren soll, empfiehlt es sich, die verwendete Leine zwischen den Beinen vor dem Körper zu halten und zunächst einmal eine Gerade zu legen. Die Schritte sollten nicht zu groß sein und nicht zu weit auseinanderliegen, also kein „Seemannsgang“. Bitte setzen Sie die Füße normal auf, weder Scharren auf dem Boden noch heftiges Stampfen sind erwünscht oder notwendig. Beides würde Ihr Hund in seiner Erinnerung speichern, es aber später auf einer sportlich gelegten Fährte nicht mehr auffinden! Achten Sie außerdem darauf, dass Sie mit dem Wind gehen. Gegenwind und Seitenwind treiben den Hund neben die eigentliche Spur und verführen ihn dazu, nicht korrekt den eigentlichen Fußabdrücken zu folgen.

Am Ende der Fährte lösen Sie das Fleisch von der Leine und legen es so hin, dass Ihr Hund es nicht schon von weitem sieht. Notfalls decken Sie es mit etwas Gras zu. Beachten Sie, dass das Futter nicht neben, sondern auf der Fährte liegt.

Nach einigen Minuten holen Sie Ihren Hund und weisen ihn ruhig in den Fährtenabgang ein. Sobald er seine Nase einsetzt, folgt wieder die Bestätigung durch Lob. Hat er das Fleisch gefunden, darf er sofort mit dem Fressen beginnen, wobei Sie das Finden des Futters nochmals kräftig mit Lob belegen.

Eine andere Version des Fährtenaufbaus durch Futter hat Gottfried Dildei in seinem System der Futtermotivation entwickelt, das er auch beim Gehorsamstraining anwendet. Wir haben mit diesem System die besten Erfahrungen gemacht, weshalb ich den weiteren Trainingsaufbau in diesem Buch aus diesem System entwickeln werde. Dass es dabei zu Abweichungen von der „reinen Lehre“ kommt, gebe ich gerne zu. Sie beruhen auf den von uns gemachten Trainingserlebnissen und Erfahrungen.

Grundsätzliches zum Fährtenaufbau

Aber egal, für welche Variante des Fährtenaufbaus Sie sich entscheiden, sollten Sie einige Grundsätze beachten. Wichtig ist vor allem, dass Sie die gewählte Motivation konsequent durchziehen. Sie richten nur Schaden an, wenn Sie von Motivation zu Motivation, von einer Ausbildungsart in die andere springen. Meistens tritt dies ein, wenn der Hundeführer nicht die notwendige Geduld aufbringt, um seinen Hund lernen zu lassen. Sieht er einen Hund, der nach einer anderen Trainingsversion aufgebaut wird, erscheint ihm diese viel besser geeignet. Hunde, die so sprunghaft trainiert werden, können niemals ihre eigentlich vorhandene Leistungsfähigkeit voll entwickeln – und noch schlimmer: Das Ansprechen verschiedener Motivationen ohne die dazugehörende Motivationsbestätigung greift unsere Hunde nervlich an, kann sie zu Neurotikern machen. Der grundsätzliche Wechsel einer Trainingsmethode sollte nur dann erwogen werden, wenn man in der Ausbildung nicht mehr weiterkommt. Bitte wenden Sie sich aber auch in einer solch verfahrenen Situation nicht diesem oder jenem Versuch zu, sondern besprechen Sie die Lage mit einem erfahrenen Ausbilder und bitten Sie ihn um Unterstützung.

Nochmals: Es gibt nicht „die“ Fährtenmethode, viele Wege führen nach Rom. Beobachten Sie das Verhalten Ihres Hundes, schätzen Sie ihn ein und treffen Sie dann die Entscheidung, nach welcher Methode Sie ihn ausbilden wollen. Diese Methode behalten Sie dann bitte bei! Ihr Hund kann suchen, aber ob er ein Fährtenhund wird, liegt fast ausschließlich bei Ihnen.

Der Ansatz wird mit einem Fährtenschild gekennzeichnet.

Die Elemente einer Fährte

Die Prüfungsordnung beschreibt die einzelnen Fährtenelemente wie Abgang, Schenkel und Winkel und gibt vor, was der Leistungsrichter von Ihrem Hund erwarten muss. Auch Länge und Liegedauer der einzelnen Prüfungsstufen sind dort festgelegt. Deshalb betrachten wir jetzt diese Elemente in ihrer Reihenfolge.

Der Ansatz

„Der Hund hat am Ansatz intensiv und ruhig die Witterung aufzunehmen. Die Aufnahme der Witterung hat ohne Hundeführerhilfen zu geschehen (außer Hörzeichen „Such“).“ (Auszug aus der Prüfungsordnung des dhv)

Bei vielen Prüfungen entscheidet schon der Ansatz über die spätere Punktezahl. Unser

Hund muss am Abgang den speziellen Fährtengeruch in seinem Gehirn speichern, nur dann kann er seine Spur über die ganze Länge, durch unterschiedliches Gelände und bei Kreuzungen mit anderen Fährten sicher ausarbeiten. Dazu braucht er Zeit! Drängen Sie deshalb niemals Ihren Hund vom Ansatz weg. Nach Ihrem (bitte freundlichen) Suchbefehl entscheidet er selbst, wann er die Fährte aufnimmt. Links neben dem Ansatz stecken wir ein Fährtenschild (Stock) in den Boden. Damit kennen wir genau unseren Startpunkt.

In der guten alten Zeit haben wir den Abgang heftig ausgetreten, in der Meinung, unserem Hund so zu helfen. Dies ist heute nicht mehr erlaubt. Und es hat ihm tatsächlich auch nicht geholfen, im Gegenteil. Wenn wir an die Bodenverletzung denken, die bei heftigem Scharren entsteht, und wissen, dass unser Hund diese speichert, wird rasch klar, dass wir ihm so das Einsuchen in die normal begangene Fährte nur erschweren. Also bitte eine Weile ruhig am Abgang stehen bleiben, dann die Spur legen!

Bitte beachten Sie beim noch nicht fertig ausgebildeten Hund immer, den Abgang mit Rückenwind zu legen. Sie erleichtern ihm so das Aufnehmen der Fährte. Auch sollten Sie den Ansatz nicht direkt an den Rand des Ackers oder der Wiese legen, sondern etwa zehn oder mehr Schritte innerhalb des Geländes. Am Rande eines Weges ist immer eine Vielzahl von Gerüchen vorhanden, hier sind vorher Menschen gegangen, hier haben andere Hunde eine Markierung hinterlassen. Wie soll Ihr Hund da seine Fährte speichern?

Die Schenkel

Die Anzahl der Schenkel wird von der Prüfungsordnung je nach Prüfungsstufe vorgegeben. Da auch die Gesamtlänge der Spur festgelegt ist, ergeben sich für die einzelnen Schenkel (Verbindungen zwischen den Winkeln) bestimmte Längen, die bei jeder Prüfung in etwa gleich sind. Hier kommen wir wieder zu einem oft zu beobachtenden Problem: Der Hund weiß, wie lang die Gerade ist, wann der nächste Winkel etwa kommen muss. Klug, wie er ist, entlastet er seinen Organismus also nach einem Winkel und geht die jetzt zwingend folgende Gerade mit weniger Konzentration an. Damit werden Fehler vorprogrammiert. Zwingt das Gelände nämlich den Fährtenleger dazu, eine Gerade kürzer zu gehen als üblich, wird der Hund fast zwangsläufig über den folgenden Winkel hinaus suchen und prompt in Schwierigkeiten kommen. Einen überlaufenen Winkel wiederzufinden, besonders bei ungünstigen Windverhältnissen, verlangt von Ihrem Hund große Selbstsicherheit und entsprechendes Training. Immer wieder sehen wir Hunde, die in einer solchen Situation hilflos umherirren und höchstens durch Zufall wieder auf die Fährte finden. Noch schlimmer wird es, wenn der Hund „lügt“, indem er mit tiefer Nase weitergeht und so tut, als sei er sicher auf seiner Fährte. Nach einer Leinenlänge beendet der Leistungsrichter das Schauspiel und der Hundeführer merkt erst jetzt, dass er durchgefallen ist. Oft ist dann heftiger Ärger über den Hund feststellbar, der „wieder einmal versagt hat“. Der wirkliche Versager ist jedoch der Hundeführer, der beim Training seinen Hund angebrüllt oder sogar körperlich bestraft hat, wenn dieser einen Winkel überlief. Unser Hund weiß ja dann aus Erfahrung, dass die Strafe folgt, also wird er dieser aus dem Wege gehen wollen, indem er einfach weiter geradeaus läuft. Herrchen merkt ja sowieso nichts, solange intensives Suchen vorgespielt wird.

Sie müssen also im Training die Länge der einzelnen Schenkel immer wieder variieren, ganz kurze Geraden und dann wieder sehr lange gehen, bis der nächste Winkel kommt. Nur so erziehen Sie Ihren Hund zu Konzentration und zuverlässigem Suchen.

Oft zu beobachten ist auch der Fehler, die Schenkel beim Training immer parallel zu Wegen, anderem Gelände oder Hecken zu legen. Beim Üben auf Äckern legen viele Hundebesitzer ihre Fährte entlang vorhandener Furchen oder der Bewuchsrichtung. Auch damit bereiten Sie künftige Fehler selbst vor. Ihr Hund lernt rasch, dass seine Spur regelmäßig diesen optischen Linien folgt, und er stellt sich darauf ein. Liegen die Schenkel bei einer Prüfung dann schräg zu Geländemerkmalen, hat Ihr Hund keine Chance mehr. Er glaubt einfach nicht, dass eine Fährte auch so liegen kann. Wer ist dann am „Versagen" des Hundes schuld, Hund oder Ausbilder?

Selbst langjährige Hundeführer neigen dazu, zum Training stets optimales Gelände auszusuchen. Der Acker muss tief und weich, das Gras dicht und möglichst mehrere Zentimeter hoch sein. Der Hund zeigt dann natürlich gute Trainingsleistungen, der Hundeführer ist zufrieden und der Tag gerettet. Und dann folgt wieder eine Prüfung! Der Boden ist hart, die Wiese gleicht überhaupt nicht einem englischen Rasen, sondern ist von Fahrspuren durchzogen und spärlich bewachsen. Unser Hund bekommt Schwierigkeiten, pendelt von links nach rechts, überläuft Winkel, er schafft die Fährte nicht. Natürlich ist nun der Veranstalter schuld, besonders der Fährtenleger, und auch der Richter hat die schlechten Voraussetzungen überhaupt nicht berücksichtigt. Unser Hund konnte gar nicht zeigen, wie gut er sonst sucht!

Bereiten Sie Ihren Hund also bitte im Training auf Schwierigkeiten vor, natürlich abhängig von seinem Ausbildungsstand. Wenn er Probleme bekommt, helfen Sie ihm durch aufmunternde Worte, loben Sie ihn für jeden Erfolg. Ist er überfordert, nehmen Sie ihn ruhig von der Fährte. Auf keinen Fall dürfen Sie dann Wut zeigen oder ihn gar bestrafen.

Die Winkel

Die Prüfungsordnung schreibt vor, dass Winkel normalerweise etwa 90 Grad aufweisen sollen, erst bei der Fährtenhundprüfung Stufe zwei werden spitze Winkel und Bögen (Halbkreise) eingebaut.

Deshalb müssen Sie diese Winkel natürlich üben, aber bitte nicht ausschließlich! Es kann Ihnen bei jeder Prüfungsfährte passieren, dass ein Winkel eben nicht 90 Grad aufweist, sondern enger oder weiter ist. Der Fährtenleger orientiert sich am Gelände und kann nicht immer die idealen Voraussetzungen schaffen. Also machen Sie Ihren Hund mit den verschiedensten Winkelformen vertraut, trainieren Sie ihn, die Fährte zu verfolgen, egal wie sie verläuft. Dies ist gar nicht so schwer. Sie müssen allerdings dafür sorgen, dass kein Fährtenabriss entsteht, sondern die Spur im Schrittrhythmus verläuft, also immer linker Fuß, rechter Fuß oder umgekehrt.

Vermeiden Sie auf jeden Fall das Scharren am Winkel. Die dadurch entstehende Bodenverletzung unterscheidet sich stark von der übrigen Fährte und kann Ihren Hund völlig verwirren. Wir haben öfter erlebt, dass ein Hund am Winkel nicht weitergeht, weil er plötzlich eine „neue" Fährte, einen neuen Fährtengeruch vorfand. Im Trainingsaufbau junger Hunde kann ich den Winkel allerdings sehr wohl verstärken; wie das geschieht, wird später erläutert.

Legen Sie die Winkel nie mehrfach in dieselbe Richtung! Versuche haben ergeben, dass die meisten Menschen eine Vorliebe für nach rechts abbiegende Winkel haben, dies liegt wohl an der Struktur unseres Gehirns. Aufgrund seiner rückwärts bedingten Verhaltensstruktur wird ein Hund, der oft hintereinander Winkel in ein und derselben Richtung trainiert, automatisch zunächst in dieser Richtung suchen, sein Gedächtnis zwingt ihn dazu. Also zwingen Sie sich, die Richtung zu wechseln!

Weiter sollten Sie darauf achten, Winkel nicht immer in einem bestimmten Abstand von Geländewechseln, Wegen oder sonstigen Merkmalen zu legen. Ihr Hund lernt ständig, ob Sie wollen oder nicht, und so lernt er sehr schnell, dass kurz vor einem Weg ein Winkel einfach kommen muss. Er

Der Hund muss lernen, einen Winkel korrekt auszuarbeiten.

wird dann Winkel suchen, wo gar keine sind, weil Sie nämlich den Weg überquert haben, und er wird sich erst dann auf einen Winkel konzentrieren, wenn der Weg in Reichweite liegt.

Bitte merken Sie sich genau, wo Ihr Winkel liegt. Neben unbeherrschtem Verhalten des Hundeführers gibt es für den Trainingsaufbau nichts Schlimmeres als nicht zu wissen, wann der Winkel kommt.

Unser Hund soll lernen, den Winkel korrekt auszuarbeiten. Dies muss ich ihm vermitteln, indem ich ihn nicht über den Winkel hinauslaufen lasse, sondern ihm erst dann das Weitersuchen erlaube, wenn er den Winkel deutlich anzeigt. Das geschieht durch eine entsprechende Kopfbewegung in die neue Richtung. Hat er den Winkel dennoch überlaufen – weil ich nicht aufgepasst habe –, wird er beginnen zu kreisen, zu stöbern, um seine Fährte wiederzufinden. Dies ist natürlich keine korrekte Winkelarbeit und führt bei Prüfungen zu Punktabzug. Gefährlich wird dieses Verhalten, wenn unser Hund sich in seiner Aufregung immer weiter vom Winkel entfernt und so keine Chance hat, seine Fährte wiederzufinden. Wenn der Hundeführer dann auch noch zu toben anfängt, ist die Arbeit meist zu Ende, die Fährte muss erfolglos abgebrochen werden.

Richtig ist es, den Hund mit ruhigem Zureden zum Rückwärtsgehen zu veranlassen, um ihm so zu ermöglichen, den Winkel doch noch in Fährtenrichtung zu finden. Nur so wird er lernen, auf einer Fremdfährte, deren Verlauf wir nicht kennen, einen verpassten Winkel zuverlässig wiederzufinden.

Schlecht ist es auch, wenn ich meinen Hund anhalte oder gar zurückziehe, obwohl er korrekt seinen Winkel sucht. Auch dies geschieht, wenn ich nicht ganz genau weiß, wo mein Winkel liegt. Also legen Sie den Winkel immer an einer optisch leicht auszumachenden Markierung, einem Baum, einem Maulwurfshügel oder Ähnlichem.

Doch auch hier ist Vorsicht geboten! Aufgrund seines hervorragenden Lernvermögens speichert der Hund sofort, dass auf einem bestimmten Gelände der Winkel an dieser Hecke, an diesem Strauch ist. Deshalb wechseln Sie unbedingt Ihre Anhaltspunkte, wechseln Sie überhaupt das Fährtengelände! Wir erleben oft genug, dass Hunde im heimischen Trainingsrevier zuverlässig arbeiten, in fremder Umgebung aber plötzlich äußerst unsicher sind, ja sogar versagen.

Noch ein Wort zum Legen der Spur. Bitte treten Sie die Fährte in normaler Gangart, ohne heftiges Stampfen und – wie gesagt – ohne Scharren. Nur bei sehr hartem oder gefrorenem Boden dürfen wir die Bodenverletzung bewusst verstärken. Der Fährtenleger bei einer Prüfung wird aus seiner Erfahrung wissen, ob und wie er den Hunden helfen muss, bei unserem Training gibt es diese Hilfen nicht.

Legen Sie die Winkel in der normalen Schrittfolge, den im Winkel inneren Fuß fast an der Vorderkante des vorherigen Schrittes, den folgenden Schritt des anderen Fußes fast parallel zum Winkelabdruck. So erleichtern Sie Ihrem Hund die Winkelarbeit und vermeiden unnötige Aufregung.

Am besten lässt man den Hund im Platz verweisen, wobei der Gegenstand zwischen den Vorderpfoten liegen sollte.

Die Gegenstände

Je nach Prüfungsstufe werden auf der Fährte zwei bis sieben Gegenstände ausgelegt, die der Hund verweisen muss. Dieses Verweisen kann im Liegen, Sitzen oder Stehen erfolgen, die jeweilige Verweisart muss aber am Gegenstand eingehalten werden, der Hund darf also nicht den Gegenstand sitzend verweisen und sich dann hinlegen. Bei den verschiedenen Gegenständen können auch verschiedene Verweisarten gezeigt werden. Wir sollten beim Training aber darauf achten, dass unser Hund immer dasselbe Verweisen zeigt. Nach

Nach dem Verweisen hebt der Hundeführer den Gegenstand auf und zeigt ihn dem Leistungsrichter.

unserer Erfahrung ist das Verweisen im Liegen am sichersten, da unser Hund meistens schon vorher gelernt hat, ruhig im Platz zu verharren. Nur bei Hunden, die absolut ungern abliegen (und diese Hunde gibt es), sollte das Verweisen im Sitzen beibehalten werden.

Die Prüfungsordnung schreibt vor, dass die Gegenstände innerhalb einer Fährte verschieden sein müssen, sich nicht farblich deutlich vom Gelände abheben und die Größe einer Brieftasche nicht übertreffen dürfen. Als Material haben sich Textilien und Leder als vorteilhaft erwiesen, weil sie den Geruch des

Fährtenlegers intensiver annehmen als beispielsweise Plastik, aber auch Holz oder Metall ist erlaubt.

Das Verweisen geschieht, indem unser Hund direkt vor dem auf der Fährte liegenden Gegenstand verharrt, beim liegend Verweisen soll der Gegenstand zwischen den Vorderpfoten liegen. Das Verweisen soll schnell und sicher erfolgen. Der Gegenstand darf nicht mit Pfoten oder Nase untersucht oder weggeschoben werden.

Der Hundeführer darf keinen Impuls an sein Tier zum Verweisen geben, der Hund muss dies selbstständig tun. Danach tritt der Hundeführer neben seinen Hund, nimmt den Gegenstand vom Boden und zeigt ihn dem Leistungsrichter. Erst nach dessen Bestätigung darf der Hundeführer den Gegenstand einstecken, dann seinen Hund loben oder streicheln. Anschließend nimmt er die Fährtenleine direkt am Hund wieder auf, bleibt kurz ruhig stehen und setzt dann seinen Hund mit dem Kommando „Such“ zur weiteren Arbeit ein, dabei darf er ihn nicht mehr berühren. Während der Hund ruhig seine Fährte wieder aufnimmt, bleibt der Hundeführer stehen, bis das Ende der Fährtenleine in seiner Hand ist, dann folgt er seinem Hund.

Die wichtigsten Regeln für die Fährtenarbeit, die Sie immer berücksichtigen sollten:

- *Die wichtigste Voraussetzung für eine sehr gute Leistung Ihres Hundes ist sein absolutes Vertrauen zu Ihnen. Vermeiden Sie auf jeden Fall hartes, unbeherrschtes und für Ihren Hund nicht begreifbares Verhalten im Training.*
- *Beginnen Sie das Suchen auf optimalem Gelände, jeder Fußabdruck sollte deutlich erkennbar sein.*
- *Verstärken Sie jeden Fußabdruck mit einem Futterstückchen und versuchen Sie nicht, diese – aufwendige – Motivationshilfe zu schnell abzubauen.*
- *Legen Sie die Schenkel (Geraden) nicht ständig parallel zu Wegen, Geländemerkmalen und Ähnlichem, gehen Sie schräg zu Ackerfurchen und Bodenbewuchs.*
- *Platzieren Sie die Winkel nicht öfter an deutlich sichtbaren Erkennungspunkten wie Bäumen oder Hecken. Suchen Sie sich Merkmale, die Ihr Hund nicht sofort als solche in seinem Gedächtnis speichert.*
- *Legen Sie Winkel nicht kurz vor Wegen oder Geländewechseln. Ihr Hund stellt sich darauf ein!*
- *Wechseln Sie immer wieder die Richtung der Winkel, variieren Sie die Länge der einzelnen Geraden.*
- *Suchen Sie eine Fährte nur, wenn Sie deren Verlauf, die Winkel und die Lage der Gegenstände genau wissen.*
- *Denken Sie daran, Ihr Hund ist keine Maschine, er unterliegt wie Sie Formschwankungen.*

Nach Gebrauch sollte die Fährtenleine immer ordentlich aufgewickelt werden, damit man später keine Knoten entwirren muss.

Trainingsaufbau und Prüfungsvorbereitung

Wie ich schon vorn erwähnt habe, lehnen wir den Trainingsaufbau an die Futtermethode von Gottfried Dildei an, übrigens nicht nur beim Suchen, sondern auch bei den Gehorsamsübungen. Grundlage dieser Methode ist der Einsatz von Futter als Motivationshilfe. Bei der Motivation durch Beute (Ball oder Beißwurst) unterliegen wir immer der reizspezifischen Ermüdung unseres Hundes, das heißt, wir sind stark vom körperlichen und geistigen Wohlbefinden des Hundes abhängig. Ist dieser einfach müde, nimmt der Reiz der Beute stark ab. Mit Futter können wir die Arbeit unseres Hundes weitgehend ohne Zwangseinwirkung lenken und kontrollieren, auch können wir die Motivationsvoraussetzung, also einen Bedürfniszustand, leicht herbeiführen, indem wir mit einem hungrigen Hund trainieren. Der ständige Einsatz von Futter beim Training beruhigt und motiviert ihn; das Hinauszögern von Futterbestätigung erhöht zuverlässig seinen Arbeitseifer. Dies nutzen wir auch beim Fährten, denn gerade hier kommt es darauf an, ohne jegliche Zwangseinwirkung zu arbeiten. Unser Hund bestimmt selbst, ob er seine Belohnung bekommt: Löst er seine Aufgabe richtig, folgt Futter. Macht er Fehler oder will er nichts tun, bekommt er auch keine Bestätigung. Dieses „Lernen durch Erfolg“ ist auch unter ethischen Aspekten, unter Berücksichtigung des Verhältnisses von Mensch und Hund beim Sport, zu bevorzugen. Sehr lesenswerte Betrachtungen zu diesem Thema gibt es bei Ekard Lind.

Das beim Training verwendete Futter sollte vom Hund sehr gern gefressen werden und nicht aus seiner alltäglichen Nahrung bestehen. Es darf nicht zu groß und muss weich sein, damit es ohne zu kauen geschluckt werden kann. Kauen bedeutet schon wieder Verlust an Konzentration. Die Futteraufnahme sollte „wie durch einen Staubsauger“ erfolgen und unser Hund sollte schon auf das nächste Stück konzentriert sein. Als vorteilhaft haben sich kleine Wurststücke erwiesen, zum Beispiel dünne Scheibchen von Saitenwürsten. Bitte beachten Sie, dass Ihr Hund beim Training ordentliche Mengen dieser Wurst verzehrt. Um diese Menge muss natürlich die normale Futterration gekürzt werden, wollen wir nicht irgendwann mit einer Kugel durch die Lande gehen.

Ziel unseres Fährtentrainings ist ruhiges, konzentriertes Suchen von Tritt zu Tritt, also von Bodenverletzung zu Bodenverletzung. Die Konzentration ist stark abhängig von der Suchgeschwindigkeit, weshalb wir unserem Hund langsames Suchen vermitteln. Ein

Kleine Stücke von Saitenwürsten haben sich für das Training bewährt. Zu Beginn liegt in jedem Fußabdruck ein Wurststückchen, so lernt der Hund das langsame Suchen.

Hund, der nach vorn stürmt, überläuft sehr leicht die Winkel, wird hektisch und bereitet sich selbst so die größten Schwierigkeiten. Also müssen wir ihn längere Zeit ruhig und motiviert halten, ihm Sicherheit und Erfolg vermitteln.

Fährtenzubehör

Wichtigstes Zubehör ist die Fährtenleine. Sie muss zehn Meter lang sein und darf bei einer Prüfung zwar durchhängen, aber nicht verkürzt werden. Also auf keinen Fall die Leine einholen, dies führt zum Abbruch durch den Leistungsrichter! Auch sollte die Leine nicht ständig am Boden schleifen, denn auch so wird sie verkürzt. Fährtenleinen gibt es in verschiedenen Ausführungen, aus Naturfasern oder Kunststoff, als Band oder als dicke Schnur. Für welche Ausführung Sie sich entscheiden, liegt bei Ihnen, nur sollten Sie nicht unbedingt für einen kleinen Hund eine schwere Stoffleine wählen. Die Leine sollte waschbar sein, ohne nachher nur noch neun Meter lang zu sein. Bitte wickeln Sie nach der Fährte die Leine wieder sorgfältig auf, es ist äußerst lästig, wenn Sie beim nächsten Start zuerst eine Reihe von Knoten entwirren müssen.

Ob Sie die Leine direkt am Halsband befestigen (bitte ein normales Gliederhalsband

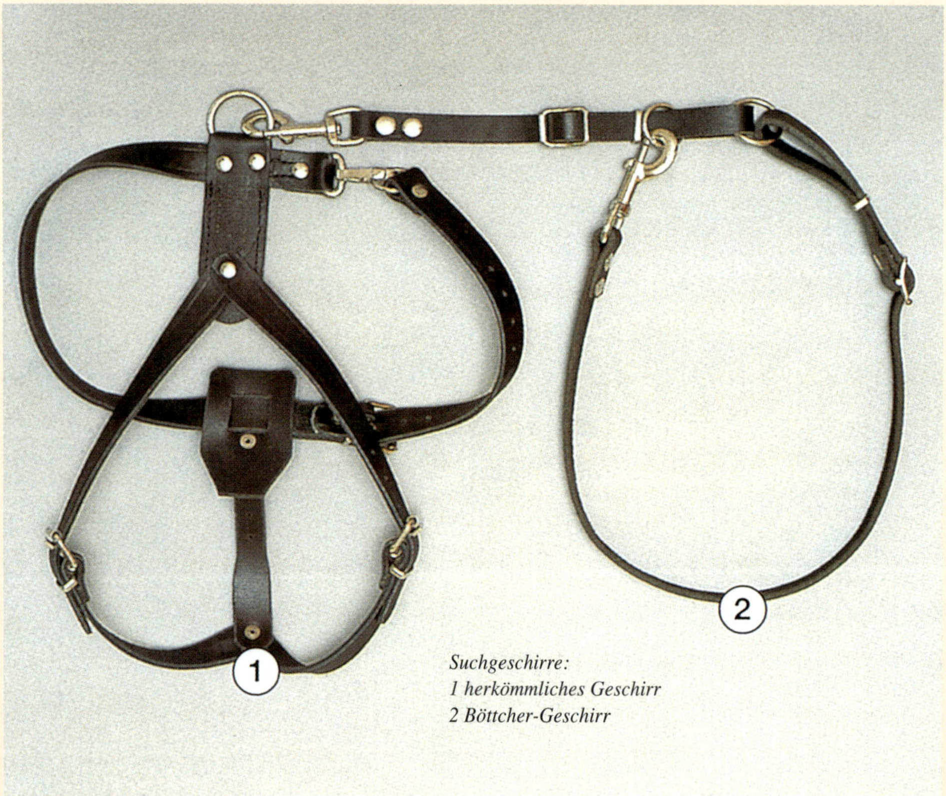

Suchgeschirre:
1 herkömmliches Geschirr
2 Böttcher-Geschirr

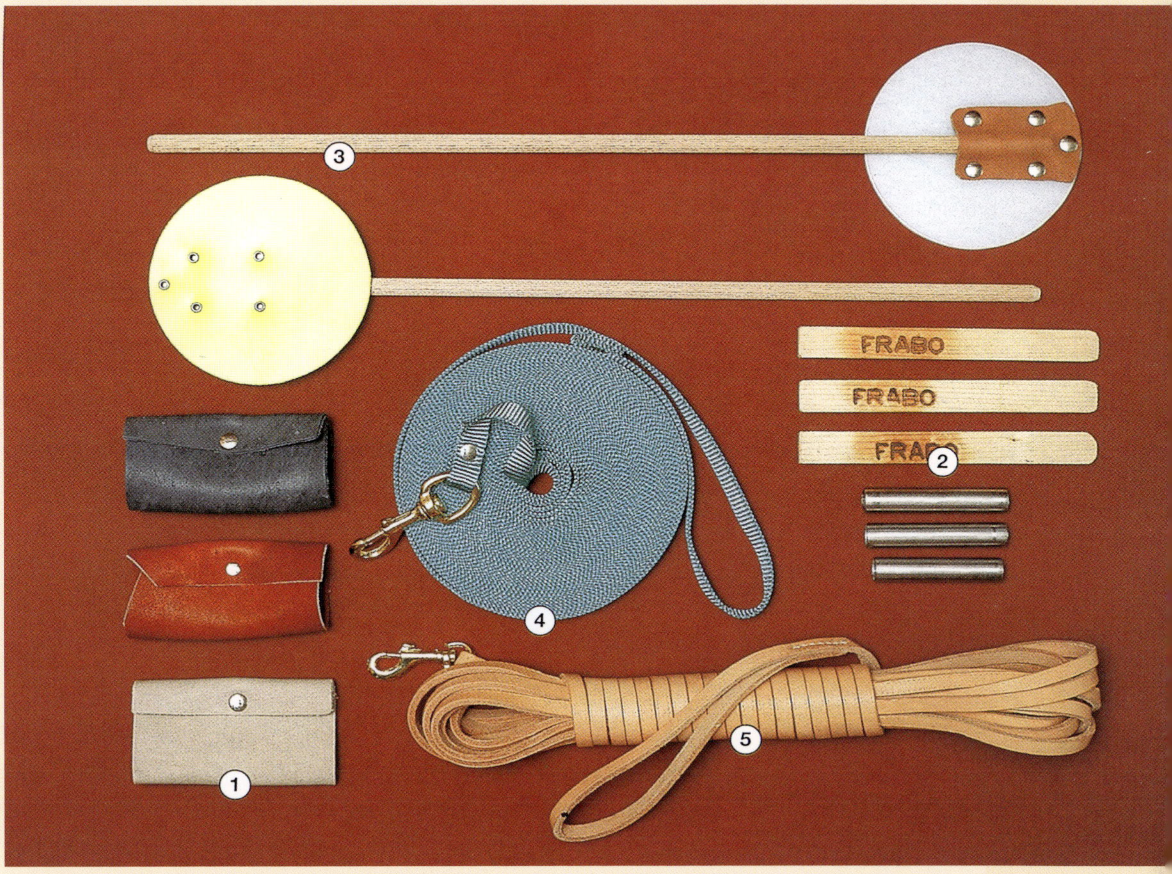

Für die Fährtenarbeit erforderliches Zubehör wie Fährtengegenstände (1, 2), Fährtentafel (3) und Suchleine (4, 5). (Beide Fotos mit freundlicher Genehmigung zur Verfügung gestellt von der Firma FRABO® für den Hundesport GmbH, Kempten.)

aus Metall, kein Stoff- oder Lederband) oder ein Fährtengeschirr verwenden, ist für die Suchleistung des Hundes egal. Wenn die Leine am Halsband befestigt wird, hängt man sie nicht auf Zug, sondern im „blinden" Ring ein. Dann zieht man die Leine zwischen den Vorderbeinen durch und führt sie vor den Hinterbeinen zur Seite. Die Leine auch zwischen den Hinterbeinen durchzuführen ist problematisch, vor allem bei Rüden. Das ständige Reiben am Hodensack, das bei straffer Leine automatisch erfolgt, ist für sie sicher nicht motivierend.

Wir bevorzugen ein Fährtengeschirr. Wie gesagt, nicht weil der Hund damit besser sucht, sondern weil bereits das Anlegen des Geschirrs zur Prozedur der Startvorbereitung gehört und dem Hund ein Signal für seine anstehende Aufgabe gibt. Beim herkömmlichen Geschirr wird die Leine an einem Ring auf dem Rücken des Hundes eingehakt, beim sogenannten Böttcher-Geschirr auf der Unterseite. Ich selbst suche nur mit Böttcher-Geschirr. Es ist sehr handlich und unterstützt die langsame Sucharbeit, da es an der unteren Halsseite am Halsband eingeklickt wird.

Futter- oder Jagdtriebmethode?

Zu Ihrer eigenen Sicherheit noch einige Sätze zur theoretischen Grundlage der Futtermethode. Manfred Müller spricht sich in seinen grundlegenden Schriften deutlich gegen das Auslegen von Futter aus. Er führt dabei Argumente an, die auf dem Lernverhalten des Hundes basieren und deshalb natürlich zu berücksichtigen sind. Vor allem weist er darauf hin, dass das ständige Futter „das lernfördernde, auf das Endziel ausgerichtete Suchverhalten des Hundes“ unterbreche. Weiter betont er, der unkontrollierte Futterfund bestätige jeweils das kurz zuvor gezeigte Suchverhalten des Hundes, egal, ob dieses richtig oder falsch war. In den vielen Jahren meiner Arbeit mit Fährtenhunden setzte ich lange Zeit ausschließlich auf die Jagdtriebmethode, also auf Futter am Ende der Fährte, eben als Endziel. Bei allem Erfolg konnte ich zwei Probleme nicht lösen, auf die jetzt näher eingegangen wird.

Beim Training auf das Endziel muss der Hund, auch schon der Junghund, dieses Endziel unbedingt erreichen, sonst fehlt ja die entscheidende Bestätigung seines Triebzieles. Hat der Hundeführer die Fährte nicht optimal gelegt, die Windrichtung nicht beachtet, die Schwierigkeit der Bodenverhältnisse unterschätzt oder Ähnliches, steht er vor einem Dilemma. Bricht er die Fährte ab, findet der Hund das Futter nicht und es fehlt die unbedingt notwendige Bestätigung des Triebzieles. Hilft er dem Hund zum Endziel, ohne dass dieser korrekt sucht, ist der Lernerfolg äußerst zweifelhaft.

Bei der Futtermethode findet das „Lernen durch Erfolg“ auf der Fährte statt! Werden Schwierigkeiten wirklich zu groß, kann ich meinen Hund ruhig von der Fährte nehmen, ohne ihn zu frustrieren. Außerdem liegt das Futter nicht unkontrolliert, sondern gezielt im Hacken des Fußabdrucks. Unser Hund lernt, dass Suchen Schritt für Schritt auch konsequente Bestätigung mit sich bringt. Voraussetzung ist natürlich, die Futterfährte lange genug und korrekt gelegt anzubieten. Weiterhin lernt unser Hund selbst für Erfolg oder Misserfolg verantwortlich zu sein: Futter gibt es nur in den Fußabdrücken.

Als zweites Problem zeigte sich, dass einige der auf Endziel geprägten Hunde die Suchgeschwindigkeit erhöhten, je näher sie dem Ziel kamen, vor allem nach dem letzten Winkel konnten sie nicht schnell genug zum Futterdepot kommen. Die Prüfungsordnung verlangt aber eine gleichmäßige Geschwindigkeit auf der gesamten Fährte, jeder Wechsel wird mit Punktabzug bestraft. Bei der Futtermethode können wir durch die Distanz unserer Schritte und durch die Menge des Futters gezielt auf die Geschwindigkeit einwirken.

Besonders deutlich tritt das Immer-schneller-Werden der Hunde übrigens dann auf, wenn als Endbestätigung eine Beute, also Ball oder Beißwurst, eingesetzt wird. Spielen Sie deshalb mit Ihrem Hund nicht sofort am Schluss der Fährte, sondern loben Sie ihn zunächst ausgiebig, entfernen Sie dann Fährtengeschirr oder Suchleine und führen Sie ihn vom Fährtenende weg. Jetzt können Sie mit ihm spielen und seine aufgestaute Erregung lösen.

Es führen viele Wege nach Rom und ich kenne genügend Hundeführer, die ihren Hund ganz anders für die Fährte aufgebaut haben, und das mit Erfolg. Wir haben jedoch mit der Futtermethode den besten Erfolg erzielt, deshalb werden wir sie einsetzen, bis wir vielleicht irgendwann eine noch bessere Variante finden. Übrigens konnten wir auch Hunde, deren Besitzer mit ihrer bisherigen Trainingsmethode langsam verzweifelten, auf einen erfolgreichen Weg zurückführen. Auch wenn Sie einen schon erwachsenen Hund haben und Lust zur Fährtenarbeit bekommen, fangen Sie einfach damit an.

Der Trainingsbeginn

Gottfried Dildei beginnt die Ausbildung eines Hundes im Alter von ungefähr einem Jahr! Die höchste Ausbildungsstufe erreicht er dann mit etwa vier Jahren. Das lange Warten auf den Trainingsbeginn hat Vorteile, der Hund ist schon fast erwachsen und entsprechend belastbar. Ich habe es aber noch bei keinem meiner Hunde geschafft, so lange zu warten, bis ich ernsthaft mit ihm trainieren durfte.

Wir beginnen das Fährtentraining so früh wie möglich, sobald unser Hund drei bis vier

Der Ansatz hat die Form eines Dreiecks. Hier werden die ersten Futterstückchen ausgelegt.

In jeden Fußabdruck wird ein Futterstückchen gelegt.

Monate alt ist. Natürlich setzt dies voraus, dass ich besondere Rücksicht auf seine geistigen und körperlichen Möglichkeiten nehme, ihn regelmäßig, aber behutsam aufbaue und beste Voraussetzungen für ihn schaffe.

Zu den Voraussetzungen gehört vor allem ein optimales Gelände. Da unser Hund sich vor allem an Bodenverletzungen orientieren soll, ist ein weicher, tiefer Ackerboden mit regelmäßiger Oberfläche besonders günstig. Auch eine dicht bewachsene, weiche Wiese ist brauchbar, wobei das Gras nicht höher als etwa zehn Zentimeter sein sollte. Wichtig ist, dass sich die Bodenverletzungen (Tritte) deutlich und akkurat abzeichnen. Der Wind sollte von hinten kommen. Der Hund muss ausgeruht und hungrig sein.

Nachdem ich mich vergewissert habe, Fährtentafel, Suchleine und genügend passende Futterstückchen dabeizuhaben, begebe ich mich mit meinem Hund in das ausgesuchte Gelände. Je nach Temperament des Hundes nehme ich eine Begleitperson mit, die den Hund an der Leine hält und zuschauen lässt, während ich die erste Fährte lege. Gerät mein Hund in Hektik, wenn ich mich von ihm entferne, lasse ich ihn in der Box oder im Auto, solange ich die Spur vorbereite. Es ist äußerst wichtig, dass mein Hund mit ausgeglichener Gemütslage seine erste

Fährte angeht, Aufregung und Stress vermeide ich.

Nachdem ich meine Fährtentafel in den Boden gesteckt habe, trete ich rechts davon zunächst ein Dreieck von etwa einem Meter Schenkellänge sorgfältig aus, die Ränder klar abgezeichnet. An der Spitze des Dreiecks gehe ich noch einige Meter weiter, wobei ich in den Hackenabdruck jedes Trittes ein Stückchen Futter lege. Je tiefer der Bodeneindruck ist, umso besser, denn mit tiefem Eintauchen der Nase in den Tritt nimmt der Hund den maximalen Bodengeruch auf, der sich deutlich vom nicht begangenen Boden unterscheidet. Der Abstand der Schritte richtet sich nach dem Alter meines Hundes. Bei einem drei Monate alten Welpen setze ich die ersten Tritte fast parallel. Auch der Seitenabstand meiner Schritte muss so sein, dass mein Hund leicht von Bodenabdruck zu Bodenabdruck pendeln kann, ohne die gerade Vorwärtsbewegung zu unterbrechen. Nach einigen Metern beende ich die Spur mit einem Parallelschritt. Wie gesagt, in jedem Bodenabdruck liegt ein Futterstückchen!

In einem Bogen gehe ich zum Beginndreieck zurück und belege auch dieses mit Futterstückchen.

Anschließend gehe ich mit meinem Hund ruhig zum Fährtenbeginn und lasse ihn mit einem freundlichen, ermunternden „Such“ in das Dreieck. Ist er hungrig, wird er gleich den Wurstgeruch aufnehmen und das erste Futterstückchen fressen. Jetzt ist es äußerst wichtig, sofort die Leine locker zu lassen und dem Hund die Möglichkeit zu geben, sein weiteres Vorgehen selbst zu bestimmen.

Der Welpe wird an den Ansatz herangeführt.

Dieser Welpe hat schnell gelernt, worum es geht, und sucht konzentriert vorwärts.

Halten Sie die Leine so, dass Sie etwa einen Meter hinter Ihrem Hund sind, und bleiben Sie hinter ihm in einer Linie. Geht er über den Rand des ausgetretenen Dreiecks hinaus, merkt er selbst, dass hier kein Futter liegt, und geht meistens von sich aus in das Dreieck zurück. Sollte er sich zu weit vom Rand entfernen, halten Sie einfach die Leine straff und lassen ihn nicht weitergehen. Sucht er in die ausgetretene Fläche zurück, loben Sie ihn kurz mit der Stimme, jedes Streicheln oder sonstige Berührung unterlassen Sie bitte unbedingt. Unser Hund soll von Anfang an lernen, sich selbst zu helfen und allein seinen Erfolg, eben das Futter, zu finden. Deshalb verhalten Sie sich ganz ruhig, wirken keinesfalls mit der Leine auf ihn ein, loben ihn gelassen (und wenig) und lassen die Leine durchhängen. Meistens wird Ihr Hund schon beim ersten Versuch sein Dreieck absuchen und sich dann in die Tritte an dessen Spitze einpendeln. Beobachten Sie ihn dabei genau. Stimmt die Schrittlänge, stimmt der Seitenabstand? Alle Voraussetzungen, die sich als nicht optimal erweisen, können bei der nächsten Trainingseinheit berücksichtigt und verbessert werden.

Nimmt Ihr Hund die Nase hoch und bleibt stehen, unternehmen Sie nichts! Warten Sie ruhig, bis er weitersucht, loben Sie ihn dabei kurz und ruhig. Weicht er von der Fährte ab, halten Sie die Leine fest und tun sonst nichts. Hat er sich wieder eingesucht, folgt das kurze Lob.

Die beste Art, Ihren Hund zu beeinflussen und ihm zu helfen, ist das sorgfältige Legen der Fährte. Auftauchende Probleme lösen Sie am schnellsten, indem Sie die nächste Spur entsprechend verändern.

Sucht Ihr Hund zu schnell, findet aber alle Futterstückchen, brauchen Sie sich keine Sorgen zu machen, dies legt sich mit zunehmendem Alter und Erfahrung. Überläuft er aber Teile des Futters, müssen Sie die Schrittlänge und den seitlichen Abstand korrigieren. Liegen die Eindrücke im Boden seitlich zu weit auseinander, kann er nicht „pendeln", sondern sucht nur die linke oder die rechte Spur. Dann verringern Sie den Seitenabstand. Zu schnelles Tempo lässt sich durch eine längere Schrittfolge korrigieren.

Ist Ihr Hund am Ende der kurzen Fährte angekommen, loben Sie ihn ausgiebig, aber bitte nicht hektisch. Führen Sie ihn von der Fährte weg und lösen Sie seine Spannung durch kurzes Spielen.

Diese Kurzfährte können Sie nun täglich ein- bis zweimal üben, Ihrem Hund wird das keinesfalls zu viel. Drängt er bei den Folgetrainings zu stark zum Fährtenbeginn oder dringt hektisch in das Dreieck ein, können Sie versuchen, ihn vor dem Training dosiert zu füttern. Es gibt immer wieder Hunde, die das brauchen. Allerdings darf er nie satt zum Training antreten, damit würden Sie seine Motivation beenden.

Sucht sich der Hund nach einigen Tagen ruhig durch das Dreieck zum Schrittbeginn, gehe ich sofort zu einem normalen Abgang, also zum Verharren mit parallel stehenden Füßen über. Aber nach wie vor – und noch über lange Zeit – liegt in jedem Fußabdruck ein Wurststückchen.

Die Erfahrungen, die Ihr Hund auf den ersten Fährten macht, beeinflussen wesentlich

Beim Welpen braucht man noch nicht mit einer Fährtenleine zu suchen.
Dieser Welpe signalisiert durch seine Körper- und Rutenhaltung schon volle Konzentration.

seine spätere Leistungsfähigkeit und -bereitschaft. Versuchen Sie deshalb keinesfalls, diese wichtige Phase zu verkürzen, indem Sie rasch die Schwierigkeiten steigern. Sie würden sich das später nicht verzeihen. Es ist viel schwerer, eingeprägte Fehler auszubügeln, als diese erst gar nicht aufkommen zu lassen.

Vor allem dürfen Sie nicht aus Ungeduld nach einigen Trainingserfolgen das Futter reduzieren. Dildei selbst legt rund ein Jahr lang in jeden Schritt ein Wurststückchen! Erst drei Monate vor der ersten Prüfung lässt er drei bis vier Schritte lang das Futter aus.

Die Kurzfährte über 10 bis 15 Meter können Sie jeden Tag üben, Ihr Hund wird sie begeistert ausarbeiten. Wenn Sie während der nächsten Monate Ihre Spur Schritt um Schritt verlängern, reduzieren Sie das Training auf zwei bis drei Fährten pro Woche. Sie legen dabei immer noch Geraden, keine Winkel. Wechseln Sie oft das Gelände, wechseln Sie die Tageszeiten, zu denen Sie trainieren. Ihr Hund denkt „rückwärts bedingt", er geht davon aus, dass die nächste Fährte so verlaufen muss, wie er es bisher erlebt hat.

Die Umgebung zu wechseln ist noch aus einem weiteren Grund wichtig. Die ersten Trainingsversuche machen Sie bitte dort, wo Ihr Hund nicht gestört oder abgelenkt werden kann, er soll sich ausschließlich auf seine Spur konzentrieren. Schafft er dies zuverlässig, erhöhen Sie die Ablenkung. Im Laufe der Zeit muss er sich an Fußgänger, an Fahrzeuge, an andere vorbeilaufende Hunde und auch an Wild gewöhnen.

Bei diesen ersten Welpenfährten legen Sie die Grundlagen dafür, dass Ihr Hund ein begeisterter „Sucher" wird. Deshalb lassen Sie sich Zeit, versuchen Sie auf keinen Fall, das Training voranzutreiben, „weil er ja so gut ist".

Selbst wenn Sie mal einen Fehler machen, verzeiht Ihr Hund Ihnen diesen. Außer einem: Werden Sie ungeduldig, gereizt oder gar wütend, können Sie Ihrem Hund das Fährten für immer vermiesen. Traumatische Erfahrungen in dieser Entwicklungsphase sind irreparabel. Sie haben sich bei Ihrem Hund eingeprägt. Diese Tatsache gilt natürlich auch in allen anderen Erfahrungsbereichen des Junghundes. Viele Mensch-Hund-Beziehungen scheitern leider bereits in dieser Phase.

Der weitere Trainingsaufbau

Hat Ihr Hund die ersten kurzen Futterfährten erfolgreich und begeistert abgesucht, erhöhen Sie Schritt für Schritt die Anforderungen. Natürlich muss das Alter des Hundes dabei berücksichtigt werden.

Der Fährtenabgang soll laut Prüfungsordnung ruhig und intensiv erfolgen, jegliche körperliche Einwirkung durch den Hundeführer ist zu unterlassen. Dies können wir bei einem Welpen oder Junghund, der voller Gier auf die Fährte – vor allem auf das Futter – ist, nicht erwarten. Wir lassen ihn aber jetzt auf keinen Fall mehr beim Legen der Spur zuschauen, sondern holen ihn nach etwa 15 Minuten aus dem Auto. Zur Erinnerung: Er sollte hungrig und ausgeruht sein, ein langer Spaziergang kurz vorher ist keineswegs

Vor Beginn der Suche soll der Hund ruhig im Platz verharren, so hat man auch Zeit, die Fährtenleine auszulegen.

dem Erfolg dienlich, auch Spielen mit anderen Hunden ist jetzt nicht angebracht.

Seinen körperlichen Bedürfnissen darf er natürlich nachkommen, eine gefüllte Harnblase ist nicht motivierend. Einige Meter vor dem Fährtenschild legen Sie ihm die Suchleine an, beruhigen ihn, wenn nötig, mit Ihrer Stimme und führen ihn dann zum Ansatz. Dieser besteht nun nicht mehr aus dem beschriebenen Dreieck und folgender Gerade, sondern Sie verharren vor dem Legen etwa 30 Zentimeter rechts neben dem Schild rund eine Minute, die Füße parallel gestellt. Das erste Wurststückchen haben Sie bereits in den Abgang gelegt und folgend in jeden Schritt.

Am Ansatz angekommen, lassen Sie Ihren Hund die Witterung aufnehmen, solange er will. Drängen Sie ihn keinesfalls vom Ansatz weg. Unterstützen Sie ihn durch ein freundlich und erwartungsvoll gesprochenes Kommando „Such“. Sobald er sich nach vorn bewegt, lassen Sie die Leine locker und folgen ihm in etwa einem Meter Abstand.

Das richtige Anmelden sollte man bei jeder Fährte üben.

Achten Sie darauf, in einer Linie hinter ihm und nicht seitlich versetzt zu gehen. Dies ist wichtig, weil Sie ihn so nicht seitlich abdrängen, sondern ihm vermitteln, dass er von sich aus nach vorn suchen soll. Sucht er pendelnd links und rechts jeden Fußabdruck und nimmt die Wurststückchen auf, loben Sie ihn mit freundlicher Stimme.

Es überrascht immer wieder, wie wenige Hundebesitzer den Klang ihrer Stimme beeinflussen können. Oft klingt ein lobend gemeintes „Brav" im Tonfall nicht anders als ein Tadel. Da Ihr Hund ja nicht verstehen kann, was Ihre Worte inhaltlich bedeuten, reagiert er ausschließlich auf die Klangfarbe Ihrer Stimme. Wie soll er sich denn verhalten, wenn er Ihre Worte als Tadel empfindet?

Loben Sie nicht dauernd, das gefundene Futter ist reichlich Bestätigung und Sie dürfen später sowieso nur noch sehr spärlich loben.

Zeigen Sie auf keinen Fall mit den Fingern auf die Fußabdrücke oder das Futter, Ihr Hund muss allein lernen, wie er zum Erfolg kommt. Drängen Sie ihn auch nicht nach vorn, lassen Sie ihm Zeit. Allerdings sollten Sie vermeiden, dass er umdreht und rück-wärts sucht. Er muss lernen, nach vorn zu suchen. Wenden Sie dabei keinesfalls Gewalt an, Ihr Hund darf sich nicht davor fürchten, zu Ihnen zurückzukommen. Er muss nämlich spätestens bei der Fährtenhundprüfung Stufe zwei in einem spitzen Winkel an Ihnen vorbeigehen. Wir erleben immer wieder Hunde, die sich das einfach nicht trauen, weil ihr Führer sie früher dafür bestraft hat.

Ideal ist es, wenn der Hund von Anfang an voll konzentriert ist.

Bleibt er stehen und hebt die Nase, reagieren Sie gar nicht. Sobald er wieder zu suchen beginnt, unterstützen Sie ihn durch Lob. Weicht er seitlich von der Spur ab, bleiben Sie sofort stehen und verhindern sein Vorhaben mit der jetzt straffen Leine. Taucht die Nase wieder in die Fußabdrücke, lassen Sie die Leine sofort locker und loben ihn.

Sie merken, um entsprechend reagieren zu können, müssen Sie jeden Bodenabdruck sehen! Legen Sie deshalb keine Fährte, ohne sich vorher davon zu überzeugen, dass Sie den Weg Ihres Hundes ganz genau verfolgen können. Nur dann können Sie sich richtig verhalten.

Der schon etwas ältere oder erwachsene Hund wird gezielter auf den Fährtenabgang vorbereitet. Ihm legen Sie in einiger Entfernung vom Fährtenschild die Suchleine oder das Fährtengeschirr an und bringen ihn dann ins „Platz“. Werfen Sie ihm einige Futterstückchen zwischen die Vorderbeine; dies können Sie ein paarmal wiederholen. Sinn des Ganzen ist es, durch das entspannte Liegen seine Nerven zu beruhigen und ihm zu erlauben, Geruch und Atmosphäre des Fährtengeländes aufzunehmen. Durch die Futterstückchen wird seine Erwartungshaltung bestärkt. Bringen Sie Ihren Hund anschließend in das „Sitz“ und gehen Sie mit Fußkommando einige Schritte weiter, wenn vorhanden zu einer anderen Person oder Personengruppe, und geben Sie wieder ein Sitzkommando. Jetzt melden Sie sich und Ihren Hund zur Fährte bereit. Achten Sie darauf, dass der Hund dabei ruhig sitzt. Diese Prozedur zu üben ist wichtig, denn so beginnt jede Prüfung, und wir haben schon öfter Hunde erlebt, die bereits hier völlig die Fassung verloren haben, weil sie das Anmelden nie üben durften. Melden Sie sich auch an, wenn einmal keine Begleitperson dabei ist, für Ihren Hund muss dieser Vorgang Routine werden.

Bringen Sie jetzt Ihren Hund zum Fährtenabgang, und zwar möglichst bald immer wieder aus verschiedenen Richtungen! Damit zwingen Sie ihn, den eigentlichen Ansatz und die Richtung der Fährte selbst herauszufinden, und Sie erreichen volle Konzentration von Anfang an.

Das Vermeiden von Fehlern

Hunde lernen zwar durch Versuch und Irrtum, können aber nur sehr schwer einmal eingeschliffenes Fehlverhalten wieder abbauen. Deshalb gilt für alle Bereiche der Ausbildung: Lieber langsam Schritt für Schritt lernen, dafür aber in der richtigen Art und Weise. Da Ihr Hund immer lernt, ob Sie das nun gerade wollen oder nicht, ist das Vermeiden von Fehlverhalten eine der wichtigsten Grundlagen für seine Ausbildung. Es liegt auf der Hand, dass somit Sie und Ihre Intelligenz gefordert sind.

Um leistungsfähig zu sein, bedarf es bei Mensch wie Hund geistiger und körperlicher Voraussetzungen. Die psychischen Voraussetzungen bestehen zunächst in einer engen Verbundenheit zwischen Mensch und Tier, in einem absoluten Vertrauensverhältnis auf beiden Seiten. Die physischen Voraussetzungen beinhalten körperlichen Zustand und

Wird der Hund aus dem Auto geholt, sollte man ihn erst in eine positive Stimmung versetzen.

Gesundheit bei beiden Partnern. Da die Fährtenarbeit vor allem dem Hund körperliche Leistungsfähigkeit und Kondition abverlangt, ist ein gesunder Organismus unabdingbar. Ist Ihr Hund einmal krank, setzen Sie das Training sofort aus.

Aber auch der Hundeführer sollte sich selbst fragen, ob er zum Training fähig ist. Schlechte Laune, Übermüdung, erlebter Stress sind denkbar negative Voraussetzungen zum Trainieren. Oft ist es besser, eine Stunde mit dem Hund spazieren zu gehen und sich wieder zu sammeln, als eine Übungseinheit zu absolvieren, die von vornherein zum Scheitern verurteilt ist.

Wenn ich mich aber auf das gemeinsame Üben freue, mein Hund gesund ist und voller Freude darauf wartet, mit mir etwas tun zu können – dann nichts wie raus ins Gelände.

Apropos Gelände – fast immer müssen wir auf Grund und Boden suchen (oder auch mit unserem Hund spielen), der uns nicht gehört. Deshalb müssen wir immer Rücksicht auf den Grundstücksbesitzer nehmen! Nachdem freies Gelände, Äcker und Wiesen immer weniger werden, sollten wir uns das Verbliebene nicht durch dummes Verhalten selbst entziehen. Viele Hundesportvereine haben Probleme mit dem Fährtengelände, weil unachtsame oder egoistische „Sportfreunde" die Besitzer, vor allem die Landwirte, total verärgert haben. Es geht nicht, auf frisch eingesätem Acker unsere Fährte zu legen, weil die Fußabdrücke gerade hier optimal sind. Wir dürfen mit unserem Hund nicht auf eine Wiese gehen, deren Gras schon hoch steht. Wenn Sie ein Fährtengelände aussuchen, fragen Sie möglichst vorher den Besitzer, ob er es auch erlaubt.

Auch sollten wir nicht frühmorgens oder am späten Nachmittag in einem Gelände suchen (oder spielen), auf dem sich gerade zu diesen Zeiten das Wild seine Nahrung holt. Zwar sind unsere Hunde an der Leine, sie können nicht jagen gehen, der Ärger ist aber vorprogrammiert. Jäger können das Fährten nicht verbieten, da die Erlaubnis zum Suchen nur vom Besitzer des Geländes abhängt. Sie wollen dies auch nur in seltenen Fällen, dennoch ist gegenseitige Rücksichtnahme immer besser als Konfrontation.

Zurück zum Fehlervermeiden. Dies beginnt eben mit der Wahl des Geländes. Sind die Bodenbeschaffenheit und der Bewuchs der Entwicklung meines Hundes angepasst? Kann ich beim Anfängerhund genau sehen, wo die Bodenverletzung stattgefunden hat? Aus welcher Richtung weht der Wind? Habe ich alle notwendigen Utensilien dabei, auch genügend Futter? Wie stark sind eventuelle Ablenkungen? Ist dies alles geprüft, bestimme ich die Richtung und die Länge meiner Spur. Wie passten Schrittlänge und seitlicher Abstand beim letzten Mal? Muss ich etwas korrigieren? Erst jetzt beginnt das eigentliche Legen der Fährte.

Bevor ich dann meinen Hund hole, erinnere ich mich an die letzte Übung. Wobei gab es Probleme, worauf sollte ich heute besonders achten? Manfred Müller verweist in diesem Zusammenhang auf die Vorteile eines Fährtenbuches, in dem alle wichtigen Daten, positiven und negativen Beobachtungen festgehalten werden.

Habe ich meinen Hund aus dem Auto geholt, versetze ich ihn in eine positive, mir zugewandte Stimmung. Dieses sogenannte Appetenzverhalten ist für alle Ausbildungsbereiche Voraussetzung. Wenn sich mein Hund für alles interessiert, nur nicht für mich, wird ein gemeinsames Training schwierig. Genau aus diesem Grunde sollte er jetzt auch nicht mit eventuell anwesenden anderen Hunden spielen.

Hat der Hund nach den vorhin im Text geschilderten Vorbereitungen die Witterung aufgenommen, lasse ich ihn möglichst selbstständig agieren, ohne Einwirkungen und Ablenkung durch mich.

Während des Suchens darf ich nur bei eindeutigem Fehlverhalten meines Hundes eingreifen. Fehlverhalten kann sein die Jagd nach Mäusen oder das Graben an deren Schlupflöchern. Zu unterbinden ist vorsätzliches Verlassen der Fährte, um zu einem anderen Hund oder einer Person zu kommen, auch der Versuch, auftauchende Vögel oder Wild zu verfolgen. Bitte denken Sie immer daran, dass ich negativ oder sogar strafend nur in genau dem Moment auf meinen Hund einwirken darf, in dem er den Fehler begeht! Schon Sekunden später bezieht er die Einwirkung auf sein nun gezeigtes Verhalten, das ja vielleicht schon wieder korrekt ist.

Auf keinen Fall darf eine Korrektur oder Strafe das Vertrauensverhältnis zwischen meinem Hund und mir beeinträchtigen. Mit einem Hund, der Angst vor mir hat, werde ich nie glücklich. Sportliche Erfolge kann ich dann schon gar nicht erwarten.

Auch wenn wir jetzt die zehn Meter lange Suchleine im Training verwenden, bleiben wir nach wie vor kurz hinter dem Hund. Haben Hund und Hundeführer – was wir voraussetzen – ein positives Verhältnis, macht ihn die Nähe seines Menschen ruhig und sicher. Genaues Beobachten seiner Arbeit ist auch nur dann möglich, wenn man direkt hinter ihm geht.

Achten Sie auf die Geschwindigkeit! Korrektes Suchen ist nur bei langsamer Gangart möglich, und daran müssen wir unseren Hund von Anfang an gewöhnen. Er soll jeden Fußabdruck registrieren und jedes darin abgelegte Wurststückchen aufnehmen. Lässt er einige Tritte aus, muss ich die nächste Fährte mit größeren Abständen legen. Zeigt Ihr Hund zu große Futtergier, lassen Sie ihn vor dem Training etwas fressen. Natürlich darf es nur so viel sein, dass sein Interesse am Futter auf der Fährte nicht gemindert wird.

Wechseln Sie möglichst oft das Gelände, trainieren Sie zu verschiedenen Tageszeiten. Sie können jetzt ruhig auch einmal bei praller Mittagssonne arbeiten, aber bitte immer nur bei positiven Bodenverhältnissen, nach wie vor müssen Sie Ihre Fußtritte sehen können. Legen Sie Ihre Geraden schräg zum Geländeverlauf, bauen Sie Schlangenlinien und großflächige Bögen ein. Ihr Hund lernt so, sich auf seine Nase zu verlassen, und nicht etwa, sich an vorhandenen Geländemerkmalen zu orientieren oder sich gar auf seine gespeicherte Erfahrung zu verlassen.

Verlängern Sie die Fährte kontinuierlich, beachten Sie dabei das Alter Ihres Hundes und seine damit verbundene Leistungsfähigkeit. Wenn Sie feststellen, dass er überfordert ist, können Sie die Fährte auch einmal abbrechen, ohne damit Schaden anzurichten. Er hat die notwendige Bestätigung ja während des Suchens erhalten. Nehmen Sie ihn in diesem Fall einfach unter ruhigem Loben von der Fährte weg. Die nächste Spur muss dann natürlich wieder kürzer sein.

Versuchen Sie auf keinen Fall, im Training zu schnell voranzuschreiten. Viel wichtiger als rascher Fortschritt sind ständiger Erfolg und das wachsende Selbstvertrauen Ihres Hundes.

Der Einbau von Winkeln

Sucht unser hoffnungsvoller Nachwuchssportler eine Fährte von circa 100 Schritten ruhig und sicher ab, bauen wir ein wichtiges Element ein, den Winkel.

Auch zu diesem Thema werden Sie von gestandenen „Fährtenhundlern“ die verschiedensten Theorien hören. Die Prüfungsordnung schreibt vor, dass auch Winkel (etwa 90 Grad) in normaler Gangart auszuführen sind und dem Hund ein fortlaufendes Suchen

Das richtige Legen eines Winkels.

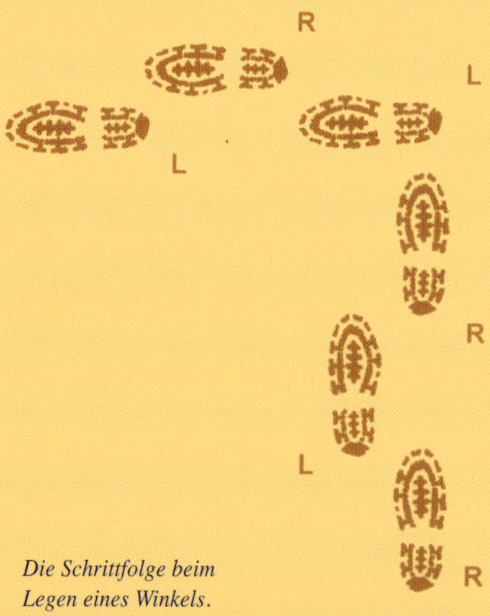

Die Schrittfolge beim Legen eines Winkels.

ermöglichen müssen, ein sogenannter „Fährtenabriss“ darf nicht erfolgen. Damit sind oft zu sehende Versuche von Fährtenlegern, durch heftiges Stampfen oder gar Scharren auf dem Boden die Winkel besonders „gut“ zu legen, sehr fragwürdig.

Wir legen unsere Fährten zu diesem Zeitpunkt immer noch in möglichst optimales Gelände, also weichen Acker oder guten Grasbewuchs. Wenn wir nun den Winkel besonders heftig austreten, erzeugen wir eine ganz andere Bodenverletzung als bisher und damit eine ganz andere Fährtenwitterung.

Ich selbst musste vor Jahren die Erfahrung machen, dass mein Hund bei seiner ersten Fremdfährte einen besonders heftig ausgetretenen Winkel nicht annehmen wollte, weil die andere Bodenverletzung für ihn eben auch eine andere Fährte bedeutete! Zu unserem Glück war der Leistungsrichter ein Fachmann, der mir erlaubte, meinem Hund über diese Schwierigkeit hinwegzuhelfen. Ansonsten wäre diese Fährte eben mit „durchgefallen“ bewertet worden.

Legen Sie deshalb Ihre Winkel bitte in derselben, normalen Gangart, in der Sie bisher Ihre Spur angelegt haben. Beginnen Sie nicht sofort mit einem rechten Winkel, sondern gehen Sie zunächst einen offenen Bogen. Arbeitet Ihr Hund diesen Bogen sauber aus, gehen Sie ein Stückchen näher in die Richtung 90-Grad-Winkel. Lassen Sie sich Zeit, gerade jetzt!

Unser Hund darf am Winkel keinerlei schlechte Erfahrung machen, sonst kann er für seine ganze Karriere als Fährtenhund geschädigt sein. Wir erleben immer wieder Hunde, die am Winkel unruhig oder sogar hektisch werden, die Winkel überlaufen und dann aufgeregt den weiteren Fährtenverlauf suchen. Wir erleben auch Hunde, die mit tiefer Nase am Winkel weiter geradeaus gehen und so tun, als seien sie sicher auf der Spur. Den Führern solcher Hunde können wir auf den Kopf hin zusagen, dass sie beim Trainingsaufbau heftig auf ihren Hund eingewirkt haben, wenn dieser am Winkel Probleme zeigte. Der Hund hat gelernt, dass Frauchen oder Herrchen nicht wütend werden, solange er nur mit tiefer Nase vorangeht.

Hat sich ein solches Verhalten eingeschliffen, wird die weitere Ausbildung sehr schwierig. Oft hilft dann nur, ganz an den Anfang zurückzugehen, zur reinen Futterfährte, und so zu versuchen, dem Hund wieder Selbstvertrauen und Sicherheit zu geben.

Fehler abzubauen ist wesentlich schwieriger, als diese durch ruhigen Trainingsaufbau erst gar nicht entstehen zu lassen.

Gerade bei der Winkelarbeit ist es äußerst wichtig, dass wir ganz genau wissen, wo unsere Fährte, also auch unser Winkel, verläuft. Auf weichem Ackerboden ist dies kein Problem, auf einer Wiese wird es schon schwieriger. Hier können wir oft schon nach einigen Minuten nur noch schwer den Fährtenverlauf erkennen.

Dann kommt es darauf an, den Winkel an einem genau zu identifizierenden Geländemerkmal zu legen, an einem besonderen

Maulwurfshügel, an einer besonderen, von Weitem erkennbaren Blume. Aber Vorsicht! Kehren wir nach einigen Minuten mit unserem Hund an den Fährtenabgang zurück, stellen wir plötzlich fest, dass es viele der von uns „genau“ ausgesuchten Blumen gibt. An welcher war nun der Winkel?

Sollten Sie die Orientierung tatsächlich einmal verloren haben, dann suchen Sie bitte auf keinen Fall „auf Verdacht“! Spielen Sie lieber mit Ihrem Hund, bringen ihn ins Auto zurück und legen Sie – nun sorgfältiger – eine neue Spur.

Erinnern Sie sich, dass Hunde „rückwärts bedingt“ denken, sich also immer an ihren Erfahrungen orientieren. Führe ich meine ersten Winkel immer nach rechts aus, hat mein Hund gelernt, jeder Winkel hat nach rechts zu gehen! Es wird dann sehr schwer, ihn dazu zu bringen, einfach dem Fährtenverlauf zu folgen, egal wie dieser aussieht.

Lege ich meine ersten Winkel immer am gleichen Baum, derselben Hecke, hat mein Hund auch dieses gelernt. Er wird an dieser Stelle den Winkel suchen, egal ob dieser dort tatsächlich ist oder nicht.

Bauen Sie an Geländewechseln, anderem Bewuchs, Wegen keinesfalls Winkel ein. Ihr Hund lernt sehr schnell, es geht geradeaus bis zum Weg und dann nach links oder rechts.

Bereits am Fährtenabgang suchen Sie sich die Stelle aus, wo Sie den Winkel einbauen. Einige Schritte vor dem ausgesuchten Punkt können Sie die Schrittfolge verkürzen, dies führt normalerweise zu erhöhter Aufmerksamkeit Ihres Hundes. Auch nach dem Winkel können Sie noch einige kürzere Schritte machen, bevor Sie wieder zur normalen Gangart zurückkehren. Beobachten Sie Ihren Hund dann genau. Wird er durch die geänderte Schrittlänge unruhig, lassen Sie diese Hilfe sofort weg.

Kommen wir beim Winkel an, lassen wir unseren Hund auf keinen Fall über diesen hinausgehen. Notfalls halten wir ihn mit der Leine etwas zurück. Zeigt er durch seine Kopfbewegung an, dass er die neue Richtung aufgenommen hat, lassen wir die Leine sofort wieder locker und gehen hinter unserem Hund in den Winkel. Nun loben wir ihn kurz und ruhig mit einem „Brav“. Zeigt er durch Kopfbewegung zunächst in die falsche Richtung, reagieren wir nicht, halten ihn aber ebenfalls fest. Nach Anzeigen des korrekten Winkels verfahren wir wie geschildert.

Arbeitet unser Hund nach einigen Trainingssequenzen einen 90-Grad-Winkel mühelos aus, bauen wir einen zweiten Winkel in die Fährte ein. Achten Sie auch jetzt darauf, die Richtung der Winkel immer wieder zu wechseln! Die u-förmige Fährte, also zwei Winkel in gleicher Richtung, ist zwar bei Prüfungen üblich, der Leistungsrichter kann aber durchaus auch eine sogenannte Treppe, also einen Winkel nach rechts und einen nach links, verlangen. Beim Training variieren wir auf jeden Fall ständig!

Zwischen den beiden Winkeln sollte auf jeden Fall eine Distanz von mindestens 30 Schritten liegen. Zu groß ist sonst die Gefahr, vor allem bei Wind, dass die großartige Nase Ihres Hundes die Witterung der folgenden Geraden aufnimmt und er zielstrebig auf diese zugeht, ohne die eigentlichen Winkel zu verfolgen.

Hat der Hund kurzzeitig die Spur verloren, lassen Sie ihn in Ruhe suchen.

Hindern Sie ihn höchstens daran, in die falsche Richtung zu gehen.

Hat er die Fährte wieder aufgenommen, loben Sie ihn und gehen wie gewohnt weiter.

Im Laufe der Trainingsstunden können Sie nun mehrere Winkel einbauen, wobei Sie deren Zahl und vor allem die Distanz zwischen den Winkeln immer wieder verändern. Nach wie vor gilt jedoch, dass zwischen den Winkeln mindestens 30 Schritte liegen müssen.

Noch ein wichtiges Wort zur Leinenhaltung. Sie haben oben gelesen, dass Sie Ihren Hund am ersten Winkel zurückhalten dürfen, bis er seinen Kopf in die neue Richtung wendet. Dies gilt aber eben nur für den (oder höchstens die) ersten Winkel. Von da an gilt, die Leinenführung an den Winkeln keinesfalls zu verändern. Ihr Hund nimmt jede Veränderung Ihrer Leinenführung in sein Gedächtnis auf und wird auf diesen Impuls warten, um in den Winkel zu gehen. Diese Abhängigkeit von seinem Führer bringt ihn in große Schwierigkeiten, sobald wir Fremdfährten vor uns haben und einfach nicht wissen, wann die einzelnen Winkel kommen. Nur selbstständig arbeitende Hunde meistern die Fremdfährte ebenso locker wie die vom Hundeführer gelegte.

Für den Hund spielt es keine Rolle, wer die Fährte gelegt hat. Er orientiert sich sowieso in erster Linie an der Bodenwitterung. Wir suchen beim Aufbau des Trainings nur deshalb ausschließlich Eigenfährten, weil wir eben den jeweiligen Verlauf ganz genau kennen müssen.

Auch den oft zu sehenden Versuch, den Hund mittels Leine zu korrigieren, sollte er einmal neben der eigentlichen Fährte suchen, unterlassen Sie bitte völlig. Bleiben Sie in einem solchen Fall einfach stehen und warten Sie, bis er wieder korrekt sucht. Bestärken Sie ihn durch ein kurzes Lob. Ihr Hund kann suchen! Dies muss ihm nur so vermittelt werden, dass er mit Freude bei der Sache ist und dabei lernt, immer Erfolg zu haben, wenn er dies nur selbst auch will.

Abbau der Futterbelohnung

Viele Hundeführer – vor allem Anfänger – werden ungeduldig, wenn wir ihnen immer wieder sagen, wie wichtig ein langsamer Aufbau über die Futterfährte ist. Dies ist verständlich, schließlich will jeder vorankommen und Fortschritte sehen. Dennoch: Bitte zügeln Sie Ihren Eifer!

Bei Gottfried Dildei suchen die Hunde rund ein ganzes Jahr lang komplette Futterfährten. Wenn Sie sich daran erinnern, dass er erst mit einem Hund zu trainieren beginnt, wenn dieser bereits ein Jahr alt ist, merken Sie, wie viel Zeit er sich und seinen Schützlingen gibt.

Ich habe noch keinen Hundebesitzer erlebt, der sich diese Zeit gibt. Auch selbst möchte ich mit meinem zweijährigen Hund die erste Gebrauchshundeprüfung absolvieren. Wenn man sich allerdings anschaut, welche Änderungen die Internationale Prüfungsordnung für Gebrauchshunde (IPO) im Jahr 2003 gebracht hat, muss man wohl umdenken. Mehr denn je läuft die Ausbildung darauf hinaus, den Hund mehr oder weniger komplett zu schulen, bevor er in die erste Prüfung einsteigt.

Auf jeden Fall dürfen Sie an den Abbau des Futters erst dann denken, wenn Ihr Hund in der Lage ist, eine mehrere Hundert Schritt lange Fährte mit drei oder vier 90-Grad-Winkeln ruhig und zuverlässig auszusuchen. Jetzt kann ich beginnen, die Futterbelohnung einzuschränken.

Beginnen Sie die Fährte wie gelernt. Nach etwa 30 Schritten legen Sie in einige wenige Fußabdrücke keine Wurststückchen. Danach geht es wieder mit Futter weiter.

Beobachten Sie genau, wie sich Ihr Hund an den futterfreien Bodenverletzungen verhält. Sucht er ruhig weiter, Schritt für Schritt, haben Sie gewonnen. Wird er aber unruhig, schneller oder hebt die Nase, ist er ganz einfach noch nicht so weit. Versuchen Sie nicht, ihn in diesem Fall mit der Leine zu korrigieren, er muss selbst mit der neuen Situation fertig werden. Die nächste Fährte belegen Sie wieder komplett mit Futter.

Hat er die futterfreien Schritte souverän gemeistert, erhöhen Sie die Anforderungen, bauen Sie also mehr Fußabdrücke ohne Futter ein. Immer wieder muss Ihr Hund aber auch auf eine Bestätigung stoßen, also Futter finden.

Im nächsten Ausbildungsschritt gibt es auf der ersten Geraden kein Futter mehr. Nach wie vor lege ich auf den Abgang Futter, damit der Hund die Fährtenwitterung intensiv aufnimmt, dann gehe ich einen relativ kurzen ersten Schenkel. Nach dem ersten Winkel findet er wie gewohnt seine Bestätigungsstückchen bis zum Ende der Spur. In der Folge gibt es Futter nach dem ersten Winkel, dann einige Schritte nichts.

Lassen Sie sich Zeit. Sie gewinnen nichts, wenn Sie hier zu ungeduldig vorangehen, im Gegenteil. Sie müssen nämlich zu der kompletten Futterfährte zurück, sollte Ihr Hund durch zu stark forciertes Training in Schwierigkeiten geraten.

Wenn dies – hoffentlich – nicht passiert und Ihr Hund die futterfreien Strecken zuverlässig meistert, legen Sie auf dem letzten Schenkel immer noch sehr viel Futter aus. Er lernt so, dass seine Mühe auf jeden Fall zum Erfolg führt, wie lange dies auch dauern mag.

Etwa drei Wochen vor der ersten Prüfung lässt man den Hund eine analog der Prüfungsordnung gelegte Fährte suchen. Dies dient aber nicht dazu, dem Hund die Prüfungsvoraussetzungen bewusst zu machen, sondern nur dazu, den Hundeführern die Angst zu nehmen, ihr Partner würde ohne Futter die Spur nicht bis zum Ende verfolgen. Die Erleichterung darüber, dass alles positiv verlaufen ist, kann man jedem Hundeführer deutlich anmerken.

Die restlichen Trainingsfährten bis zum „großen Tag“ werden dann wieder unregelmäßig mit Wurststückchen belegt. Lernt der Hund so, dass er auf der gesamten Fährte die Chance auf Futter hat, aber eben nicht weiß, wo nun gerade heute Futter liegt, wird er die gesamte Spur mit der gewünscht tiefen Nase aufmerksam ausarbeiten.

Einbau der Gegenstände

Nun fehlt uns für die erste Prüfung nur noch ein – allerdings sehr wichtiges – Element, die Gegenstände. Um mit deren Einsatz beginnen zu können, muss Ihr Hund die Hörlaute „Platz“ oder „Sitz“ zuverlässig und wil-

Beim Legen der Fährte werden auch gleich die Gegenstände mit ausgelegt.

lig befolgen. Es ist sehr schlecht, wenn wir unserem Hund das Verweisen beibringen wollen und dabei noch zu kämpfen haben, dass er überhaupt in die Stellung „Platz" geht.

Wir bringen unseren Hunden das Verweisen von Gegenständen direkt auf der Fährte bei. Als Gegenstand verwenden wir Socken, Stoffteile oder auch Lederflecken beziehungsweise Lederetuis. Sie sollten die Größe einer normalen Geldbörse nicht überschreiten und sich farblich dem Gelände anpassen, also nicht deutlich optisch herausstechen. Achten Sie von Anfang an darauf, verschiedene Materialien zu verwenden. Wichtig ist, dass das Material gut Gerüche aufnimmt.

Wir beginnen mit mindestens zwei Gegenständen, können aber auch von Anfang an mit drei oder vier Gegenständen arbeiten. Die Gegenstände sollen gut „verwittert" sein, also unseren Eigengeruch aufgenommen haben. Dazu stecken wir sie in die Hosen- oder Jackentasche und tragen sie so schon längere Zeit vor der Verwendung bei uns.

Den ersten Gegenstand legen wir etwa in der Mitte des ersten Schenkels aus, und zwar in die Mitte unserer Spur, also zwischen linkem und rechtem Fußabdruck. Sind wir im Aufbau bereits über die reine Futterfährte hinaus, belegen wir die letzten fünf oder sechs Schritte vor dem Ablegen des Gegenstandes auf jeden Fall mit Futter. So wird die Aufmerksamkeit unseres Hundes garantiert. Der zweite Gegenstand wird am Ende der Fährte platziert. Verwenden Sie gleich mehrere Gegenstände, verteilen Sie diese auf die einzelnen Schenkel. Die Distanz zwischen

Gegenstand und Winkel darf nie unter zwei Leinenlängen, also 20 Meter, liegen. Auch achten Sie darauf, den letzten Gegenstand in deutlichem Abstand zu einem Weg, einem Geländewechsel oder Ähnlichem zu legen. Beachten Sie dies nicht, kann es beim Training zur Fährtenhundprüfung, die das Überqueren eines befestigten Weges und mehrere Geländewechsel vorschreibt, zu unnötigen Schwierigkeiten kommen.

Genauso, wie wir die Position unserer Winkel genau kennen, wissen wir auch, wo unsere Gegenstände liegen.

Nachdem wir unseren Hund wie gewohnt vorbereitet und dann ruhig zum Ansatz geführt haben, bleiben wir mit kurz gehaltener Leine direkt hinter dem Hund. Kurz vor dem ersten Gegenstand schließen wir rechts seitlich zu dem Hund auf und geben den Befehl „Platz“, sobald der Hund direkt vor dem Gegenstand ist. Den Hörlaut können wir unterstützen, indem wir mit der rechten Hand Futter vor seiner Nase nach unten führen und ihm dieses geben, sobald er in der Platzposition ist.

Wir loben ihn für die Ausführung des Hörlautes und geben ihm einige weitere Stückchen Futter. Dabei achten wir darauf, dass unser Hund ruhig und direkt vor dem Gegenstand liegen bleibt, diesen nicht aufnimmt oder untersucht. Die Prüfungsordnung bestraft das Anstoßen der Gegenstände mit Punktabzug. Aus diesem Grund halten wir auch nichts davon, Futter auf die Gegenstände zu legen oder sogar in diesen zu verstecken.

Korrektes Verweisen des Gegenstandes bedeutet, der Hund legt sich schnell und

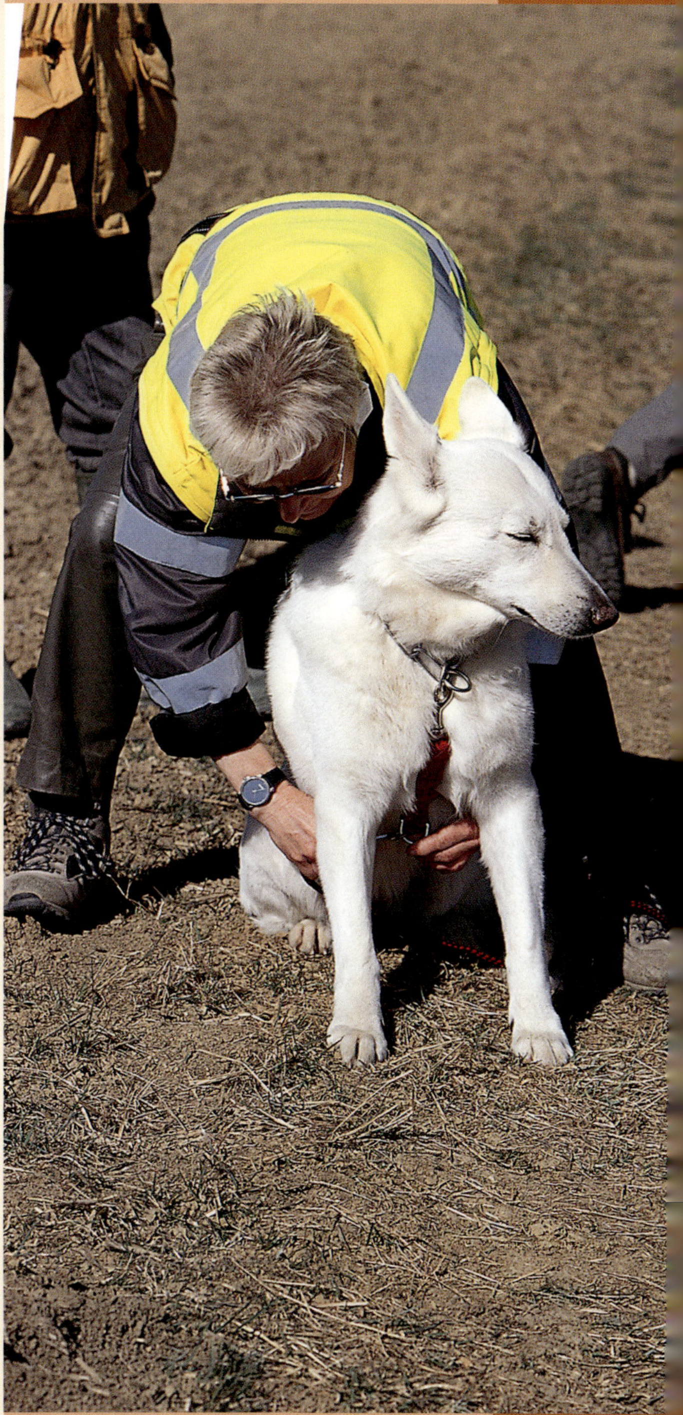

Vorbereiten des Hundes: Anlegen des Böttcher-Geschirrs.

sicher so hin, dass sich der Gegenstand zwischen seinen Vorderläufen befindet. Fehlerhaft ist also auch, wenn er sich mit dem Bauch auf den Gegenstand legt. Ebenso ist es falsch, wenn er zu weit vor dem Gegenstand liegt. Die gewünschte Position können wir leicht einüben, indem wir das Futter als Hilfsmittel einsetzen und den Hund sofort bestätigen. Nach dem Verabreichen einiger Wurststückchen nehmen wir den Gegenstand mit der Hand auf und erheben uns ruhig. Durch ein Hilfskommando können wir dabei unseren Hund unterstützen, ruhig liegen zu bleiben. Aufrecht stehend zeigen wir den Gegenstand einer Begleitperson (auch wenn gar keine anwesend ist!) und stecken ihn dann in die Tasche. Wir warten nochmals einige Sekunden und setzen dann unseren Hund mit dem Hörlaut „Such“ zur weiteren Arbeit ein. Sollte er vor diesem Befehl bereits aufstehen wollen, bringen wir ihn sofort wieder in die ruhige Liegestellung. Erlauben Sie keinesfalls, dass Ihr Hund selbst bestimmt, wann es wieder weitergeht.

Hat der Hund korrekt verwiesen, nimmt der Hundeführer den Gegenstand auf …

… und zeigt ihn einer Begleitperson.

Erst nach Aufforderung darf der Hund nach dem Verweisen weitersuchen.

Hat Ihr Hund wieder mit tiefer Nase die Spur aufgenommen, gehen wir mit lockerer Leine kurz und direkt hinter ihm weiter. Um den Hund sofort wieder zum gezielten Einsatz seiner Nase zu bringen, hat es sich als positiv erwiesen, kurz nach dem Gegenstand wieder einige Futterstückchen auszulegen. Ihr Hund weiß nämlich sehr schnell, dass es nach dem Gegenstand wieder eine Weile geradeaus geht und er eigentlich erst nach einigen Metern seine Nase wieder einsetzen muss. Findet er aber sofort Futter, wird er nach dem Gegenstand wieder mit korrektem Naseneinsatz arbeiten.

Es gibt Hunde, die sehr ungern die Position „Platz“ einnehmen, meistens dann, wenn beim Erlernen dieser Übung mehr oder weniger Gewalt eingesetzt worden ist. Abgesehen davon, dass wir dieses fehlerhafte Verhalten natürlich (durch Futter) abbauen müssen, können wir mit diesen Hunden auf der Fährte auch die Position „Sitz“ verwenden. Der Aufbau der Übung erfolgt wie geschildert. In der Praxis haben wir aber erfahren, dass Hunde bei „Sitz“ oft zu weit vom Gegenstand entfernt verweisen und so Punkte verlieren.

Bitte vermeiden Sie von Anfang an einen oft zu sehenden Fehler: Genauso wie Hundeführer versuchen, ihrem Hund durch Leineneinwirkung in die Winkel zu „helfen“, probieren sie dieses auch an den Gegenständen. Die Folge ist stets, dass die Hunde auf diese Hilfen warten und aus allen Wolken fallen, wenn sie plötzlich ausbleiben.

Gehen Sie deshalb längere Zeit beim Training kurz hinter Ihrem Hund, damit Sie keinen Gegenstand übersehen, und helfen Sie ihm lieber einige Male öfter mittels Futter. Bleiben Sie nach dem Gegenstand in direkter Linie hinter dem Hund, so wissen Sie bei einer Fremdfährte, in welche Richtung diese verläuft.

Bald wird Ihr Hund wissen: Verweisen eines Gegenstandes bedeutet Futter, er wird sich deshalb rasch vor dem Gegenstand ablegen.

Nun ändert sich die Art der Futterbelohnung. Der Hund bekommt sie nicht mehr aus der Hand, sondern auf dem Boden. Hat er die Platzposition eingenommen, trete ich wieder ruhig neben meinen Hund und nehme den Gegenstand vom Boden auf. Zunächst kann ich meinen Hund während dieses Vorganges durch „Brav, Platz“ unterstützen, dann lege ich einige Futterstückchen direkt vor seine Nase. Dabei muss ich darauf achten, dass er ruhig liegen bleibt, solange er frisst. Stehe ich aufrecht und habe den Gegenstand in die Tasche gesteckt, lege ich ihm nochmals wenig Futter vor die Nase, das er aufnehmen darf. Einige Sekunden später setze ich ihn mit „Such“ wieder auf die Fährte an.

Achten Sie darauf, dass Ihr Hund beim Verweisen genau in Fährtenrichtung liegt, schräges Verweisen ist fehlerhaft. Liegt er schräg, ist außerdem die Gefahr gegeben, dass er beim Wiederansatz nicht sofort seinen gespeicherten Fährtengeruch aufnimmt und deshalb hektisch wird. Hektik aber können wir bei der gesamten Ausbildung überhaupt nicht gebrauchen, ganz besonders gilt dies für das Suchen.

Die Verlorensuche

Ein probates Mittel, unseren Hund auf Gegenstände auf der Fährte vorzubereiten, ist die „Verlorensuche“. Dazu werfe ich beim Spazierengehen einige Gegenstände hinter mir auf den Boden, ich muss mir allerdings genau merken, wo ich entlanggegangen bin.

Bei der Rückkehr gehe ich nun genau diesen Weg und führe meinen (angeleinten) Hund an den Gegenstand. Dort bringe ich ihn in der geschilderten Weise mit Futter ins „Platz“, nehme dann ganz begeistert den Gegenstand auf und lobe meinen Hund für seine „Hilfe“. Diese Prozedur wiederhole ich bei jedem ausliegenden Gegenstand.

Will Ihr Hund vor lauter Begeisterung nun auch alle anderen herumliegenden Fetzen, die nicht von Ihnen stammen, verweisen, hindern Sie ihn daran durch ein weich gesprochenes „Nein, nicht von uns“. Er lernt so, nur die Gegenstände anzuzeigen, die mit Ihrem Geruch behaftet sind. So vermindern Sie auch die Gefahr, dass er bei einer Prüfung einen Gegenstand anzeigt, den der Wind zufällig auf die Fährte geweht hat.

Im Laufe der Zeit kann ich das Ganze ausweiten, indem ich meinen Hund bei der Rückkehr mit dem Hörlaut „Verloren" bewusst animiere, eine mir gehörende Sache zu finden und anzuzeigen, wobei ein großes Lob nie fehlen darf. Später darf er auch ohne Leine verlorensuchen.

Habe ich bei einem Spaziergang tatsächlich etwas verloren, bin ich übrigens sehr dankbar, sollte mein Hund den abhanden gekommenen Schlüsselbund finden.

Der weitere Aufbau zur Prüfung

Wir haben nun alle für die Prüfung notwendigen Elemente einzeln aufgebaut und schließlich zu einer kompletten Fährte zusammengesetzt. Jetzt gilt es, die gesamte Arbeit im Einzelnen zu verfeinern und die Schwierigkeiten Schritt für Schritt zu erhöhen.

Sie sollten nun möglichst oft Begleitpersonen mitnehmen, die während des Suchens seitlich hinter Ihnen gehen und sich auch mal unterhalten. Bei der Prüfung sind Leistungsrichter und später der Fährtenleger ebenfalls dabei, daran muss Ihr Hund gewöhnt sein. Sie gehen jetzt auch in Gelände, um die herum sich Spaziergänger und andere Hundebesitzer aufhalten oder auch Autos und Züge fahren und so weiter. Wechseln Sie das Suchgelände und trainieren Sie zu den verschiedensten Tageszeiten, auch bei Regen oder strahlender Mittagssonne.

Variieren Sie die Liegezeit der Fährte, diese kann jetzt ohne Weiteres eine ganze Stunde alt sein. Wechseln Sie oft die Gegenstände,

Wenn mehrere Personen anwesend sind, gewöhnt sich der Hund gleich an die Prüfungssituation.

Der Hund sollte auch unter verschiedensten Ablenkungen konzentriert mitarbeiten.

benutzen Sie allerdings nur solche, die Sie vorher länger in der Tasche getragen haben.

Legen Sie auch die einzelnen Schenkel verschieden lang aus, wechseln Sie immer wieder die Richtung der Winkel. Gehen Sie immer wieder schräg zu Ackerfurchen oder dem Bodenbewuchs, gewöhnen Sie den Hund daran, dass eine Fährte überallhin verlaufen kann, dass es für ihn kein Schema gibt.

Geben Sie ihm nun auch mehr Leine, verlängern Sie also die Distanz zwischen dem Hund und Ihnen, bis Sie schließlich die ganzen zehn Meter Leine ausgefahren haben. Wird Ihr Hund dabei unruhig, sucht er also nicht mehr ruhig und sicher, verringern Sie sofort wieder die Distanz. Sie waren dann einfach zu ungeduldig, haben ihm nicht Zeit gelassen, die längere Leine zu akzeptieren.

Nach wie vor müssen Sie wissen, wo Ihre Winkel liegen und wo sich die Gegenstände befinden. Versuchen Sie aber keinesfalls, mittels der Leine auf ihn einzuwirken. Sollte er einen Gegenstand überlaufen, ohne die geringste Reaktion zu zeigen, greifen Sie nicht ein, gehen Sie einfach weiter. Sollte er Gegenstände beschnuppern, sich aber nicht sofort ablegen, geben Sie das Kommando „Platz“. Beim nächsten Gegenstand gehen Sie wieder in kurzer Distanz hinter ihm und beobachten ihn genau. Zögert er wieder, helfen Sie ihm mittels Futter wie ganz am Anfang der Gegenstandsarbeit.

Neigt Ihr Hund plötzlich dazu, Winkel zu überlaufen, liegt dies meistens daran, dass er zu schnell geworden ist, nicht mehr konsequent Schritt für Schritt ausarbeitet. In diesem Fall erhöhen Sie sofort wieder die Futtermenge, legen Sie einige Schritte vor und direkt nach dem Winkel wieder Wurststückchen aus. Dabei achten Sie bitte darauf, dass Sie den Winkel nicht direkt in den Wind legen. Sonst kann es passieren, dass der Hund den Futtergeruch auf dem neuen Schenkel in die Nase bekommt und schräg in die neue Gerade wechselt, ohne den Winkel ausgesucht zu haben.

Überprüfen Sie, ob Sie Ihre Winkel mit der notwendigen Sorgfalt legen, mit einigen kürzeren Schritten vor und nach dem Winkel und vor allem ohne Fährtenabriss. Gehen Sie auch wieder auf besseres Gelände zurück, welches tiefe Fußabdrücke ermöglicht.

Natürlich beobachten Sie auch, ob Ihr Hund gesund ist und ob er die nötige Kondition für die Fährtenarbeit aufweist. Diese ist nicht unbedingt mit allgemeiner Kondition gleichzusetzen. So sollte er in der Lage sein, längere Zeit mit geschlossenem Fang zu atmen. Ein geöffneter Fang vermindert die Intensität der Riecharbeit. Nicht zuletzt denken Sie daran, dass es an Ihnen liegt, ob er motivationsfähig, also zum Beispiel hungrig an seine Fährte herangeht.

Bei der Prüfung folgt man dem Hund erst, wenn das Leinenende in der Hand erreicht ist.

Ablauf der prüfungsgerechten Fährtenarbeit

Wir legen immer noch ausschließlich Eigenfährten, deren Verlauf wir genau kennen. Die Fährte sollte mindestens 20 Minuten alt sein, bevor wir den Hund ansetzen. Er hat seine körperlichen Bedürfnisse erledigt und konnte anschließend ausruhen.

Auch wir haben uns motiviert und holen unseren Hund in entsprechender Stimmung aus Box oder Auto. Wir bringen ihn in die Nähe des Ansatzes und legen ihn dort ab. Das Abliegen gibt ihm Gelegenheit, sich zu sammeln und die Gerüche und die Atmosphäre des Geländes aufzunehmen. Nach einigen Minuten lassen wir ihn aufsitzen und legen ihm die Fährtenleine oder das Fährtengeschirr an. Wir begeben uns zu einer zweiten Person und melden uns zur Fährte an, dabei sitzt der Hund links von seinem Führer. Ab jetzt dürfen wir unseren Hund laut Prüfungsordnung nicht mehr anfassen oder sonst auf ihn einwirken, zum Beispiel durch nochmaliges Sitzkommando.

Wir führen ihn ruhig zur Fährtentafel und geben das Kommando „Such“. Unser Hund

Der Richter begleitet den Hundeführer und beobachtet die Arbeit des Hundes.

darf und soll ausgiebig den Ansatz aufnehmen, wir drängen ihn nicht in die Fährte. Nimmt er den Fährtenverlauf auf, bleiben wir ruhig stehen, bis wir das Leinenende in einer Hand halten, dann folgen wir ihm.

Sucht er intensiv, dürfen wir ihn nach einigen Schritten mit einem „Brav“ verbal bestätigen. Wir halten die Leine locker, ohne sie am Boden schleifen zu lassen, die zehn Meter Distanz sind einzuhalten.

Hat der Hund den ersten Gegenstand erreicht und korrekt verwiesen, lassen wir die Leine fallen und begeben uns rechts neben den Hund. Jetzt nehmen wir den Gegenstand ruhig auf, zeigen ihn der Begleitperson und schieben ihn in die Tasche. Erst jetzt dürfen wir den Hund kurz loben, auch streicheln. Beim Training legen wir anschließend einige Futterstückchen direkt vor seinen Fang, dies können wir wiederholen.

Direkt am Hund stehend nehmen wir die Suchleine wieder auf, stehen kurz ruhig und geben dann den Befehl zum Weitersuchen. Achten Sie darauf, dass sich der Hund an diese Pausen gewöhnt und gelassen liegen bleibt. Wir bleiben wieder stehen, bis das Leinenende in die Hand gleitet, dann gehen wir weiter. Üben Sie diesen Vorgang, es darf kein Ruck entstehen, bevor Sie sich in Bewegung setzen, dies könnte Ihren Hund stark irritieren. Am Winkel warten wir, bis er die neue Richtung aufnimmt, dann gehen wir sofort wieder in einer Linie mit dem suchenden Hund.

Korrektes Abmelden beim Leistungsrichter

Kurzes Lob ist ab und zu erlaubt, nicht aber am Winkel, und am Gegenstand erst, wenn Sie diesen gezeigt und weggesteckt haben. Am letzten Gegenstand angekommen, verfahren wir wie geschildert, lassen dann den Hund aufsitzen und begeben uns zur Begleitperson, die den Leistungsrichter spielt. Dort angekommen, lassen wir den Hund absitzen, melden uns ab und zeigen die gefundenen Gegenstände vor. Erst jetzt ist die Fährte beendet und Sie dürfen und müssen Ihren Hund ausgiebig loben. Entfernen Sie sofort Suchleine oder Fährtengeschirr und bringen Sie den Hund weg. Jetzt können Sie ihn durch Spiel aus der gestauten Erregung lösen, dann bringen Sie ihn zum Auto zurück.

Vorzeigen der gefundenen Gegenstände.

Nach erfolgreicher Suche wird gelobt und durch Spiel die angestaute Erregung gelöst.

Die Prüfung

Um Ihren Hund zur ersten Gebrauchshundeprüfung anmelden zu können, müssen einige Voraussetzungen erfüllt sein. Ihr Hund muss mindestens 18 Monate alt sein und eine Begleithundeprüfung nach den Regeln des Verbandes für das deutsche Hundewesen abgelegt haben. Sie selbst müssen Mitglied in einer diesem Verband angehörenden Vereinigung sein und dort eine Mitgliedsnummer haben. Außerdem müssen Sie für Ihren Hund eine Haftpflichtversicherung abgeschlossen und ihn, wie vorgeschrieben, haben impfen lassen (Fünffachimpfung).

Erstrebenswert ist es, seinen Hund in allen drei Disziplinen der Gebrauchshundeprüfung, also Fährte, Gehorsam und Schutzdienst, auszubilden. Sie können ihn aber auch nur zur Fährte oder zu Fährte und Gehorsam anmelden. Eine Prüfung nur in der Abteilung Schutzdienst ist nicht gestattet.

Übrigens werden die im Bereich Schutzdienst abgelegten Prüfungen nicht mehr mit „Schutzhund (SchH) 1, 2 oder 3" bezeichnet, sondern als „Vielseitigkeitsprüfung für Gebrauchshunde (VPG) 1, 2 oder 3". Die Fährtenhundprüfungen werden nach wie vor so genannt und mit „FH 1" und „FH 2" abgekürzt.

Ist Ihr Hund durch seine körperlichen Voraussetzungen, etwa seine Größe, nicht in der Lage, die geforderten Übungsteile beim Gehorsam zu absolvieren, konzentrieren Sie sich allein auf die Fährte. Es ist immer wieder sehr erfreulich, bei Fährtenhundprüfungen solche Hunde zu erleben. Sie stehen in ihrer Suchleistung ihren großen Artgenossen nicht im Geringsten nach!

Am Prüfungstag hängt viel davon ab, in welcher Verfassung Sie selbst sind! Ihr Hund kennt Sie in- und auswendig, er merkt sofort, wenn der normale Ablauf gestört ist oder wenn Sie nur noch ein Nervenbündel sind. Haben Sie mit Ihrem Hund genügend und vor allem ruhig und erfolgsbezogen trainiert, stellt eine Prüfung kein großes Problem dar. Hüten Sie sich davor, den Hund alle paar Minuten aus seiner Box zu holen und spazieren zu führen, er weiß sonst, dass Sie ein Problem haben, und er kann sehr schnell unsicher werden. Führen Sie ihn aus wie gewohnt, spielen Sie kurz mit ihm und lassen ihn ansonsten in Ruhe.

Überzeugen Sie sich, dass Sie die notwendigen Utensilien dabeihaben: Fährtentafel, Fährtenleine und Gegenstände. Vermeiden Sie es, Futter oder Spielzeug mitzuführen. Sie laufen dann nicht Gefahr, aus lauter gutem Willen diese Hilfsmittel regelwidrig einzusetzen.

Bei der Gebrauchshundeprüfung Stufe eins legen Sie die Fährte selbst. Der Leistungsrichter weist Ihnen den Startpunkt an. Suchen Sie ein Geländemerkmal, an dem Sie die Winkel einbauen. Merken Sie sich, wo Sie den ersten Gegenstand ablegen wollen. Gehen Sie mit normalen Schritten, wie beim Training.

Einige Minuten vor Ihrem Start holen Sie Ihren Hund und legen ihn im Fährtengelände ab. Achten Sie darauf, dabei auf keinen Fall andere Teilnehmer oder deren Hunde zu stören. Dann legen Sie die Fährtenleine an, stecken Ihre Führleine in die Tasche und führen Ihren Hund zur Anmeldung beim Leistungsrichter. Setzen Sie ihn mit einem freundlich gesprochenen „Such" auf die Fährte an und achten Sie im Folgenden darauf, sich bei den Gegenständen regelkonform zu verhalten. Alles weitere erledigt Ihr Hund.

Anforderungen für die Fährtenarbeit bei den verschiedenen Prüfungen (nach der dhv-Prüfungsordnung)

	VPG 1	VPG 2	VPG 3	FH 1	FH 2
Fährtenleger	Eigenfährte	Fremdfährte	Fremdfährte	Fremdfährte	Fremdfährte
Länge der Fährte in Schritten zirka	350-400	600	800	1.000-1.400	2.000
Alter der Fährte in Minuten	20	30	60	180	180
Legen der Verleitungsfährte	-	-	-	Nach 30 Minuten	30 Minuten vor Ansatz
Anzahl der Schenkel	3	3	5	7	8
Anzahl der Winkel	2	2	4	6	7
Anzahl der Gegenstände	2	2	4	4	7
Punkte je Gegenstand	10/10	10/10	7/7/6	5/5/5/5	6 x 3, 1 x 2
Hörzeichen	„Such“	„Such“	„Such“	„Such“	„Such“

Punktaufteilung für die Fährtenarbeit bei den verschiedenen Prüfungen (nach der dhv-Prüfungsordnung)

	VPG 1	VPG 2	VPG 3	FH 1	FH 2
Ansatz und 1. Schenkel	27	27	16	12	10
1. Winkel mit 2. Schenkel	27	27	16	12	10
2. Winkel mit 3. Schenkel	26	26	16	12	10
3. Winkel mit 4. Schenkel	-	-	16	11	10
4. Winkel mit 5. Schenkel	-	-	16	11	10
5. Winkel mit 6. Schenkel	-	-	-	11	10
6. Winkel mit 7. Schenkel	-	-	-	11	10
7. Winkel mit 8. Schenkel	-	-	-	-	10
Punkte für Gegenstände	10/10	10/10	7/7/6	5/5/5/5	6 x 3, 1 x 2

Fährtenformen nach der FH (Fährtenhund-prüfung) (aus der dhv-Prüfungsordnung)

Fährtenformen nach der VPG (Vielseitigkeitsprüfung für Gebrauchshunde) (aus der dhv-Prüfungsordnung)

Fährtenformen nach VPG1 und VPG2; die Fährtenformen können auch spiegelbildlich gelegt werden (aus der dhv-Prüfungsordnung).

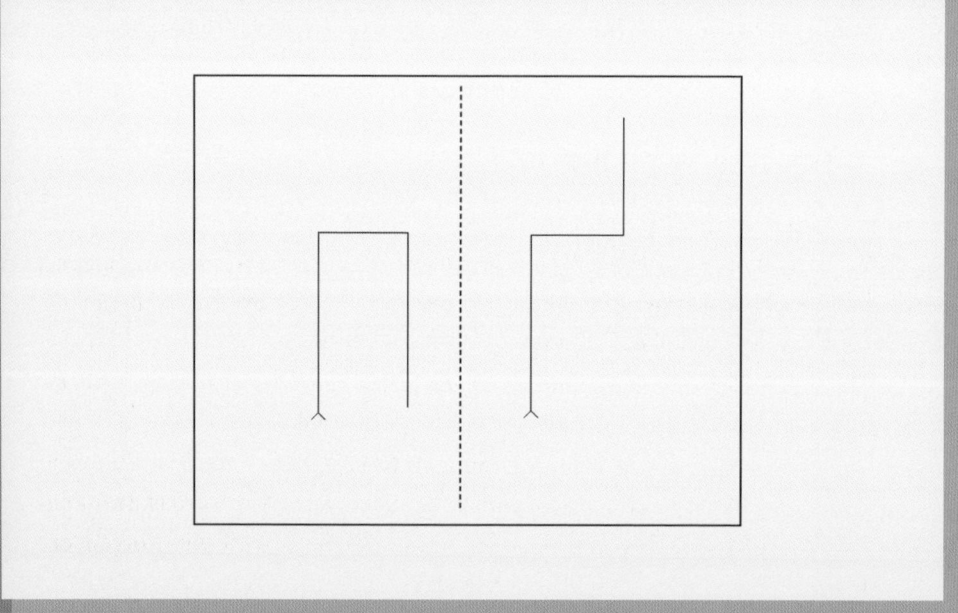

Der weitere Aufbau zum Fährtenhund

Die folgenden Prüfungsstufen in der Vielseitigkeitsprüfung für Gebrauchshunde stellen keine große Schwierigkeit dar. Die Fährten werden länger, es gibt mehr Winkel und ab Stufe zwei kommt eine Fremdfährte zum Einsatz. Auch werden die Liegezeiten bis auf eine Stunde erhöht. All dies wird Ihren Hund nicht beeindrucken, wenn er eine solide Grundausbildung hat.

Jetzt ist es Zeit, aus Ihrem freudig suchenden Hund einen echten Fährtenhund zu machen. Die Fährtenhundprüfung ist die Königsklasse im Hundesport und wird neben der Vielseitigkeitsprüfung als Spezialdisziplin durchgeführt bis hin zur jährlichen Weltmeisterschaft. Wie Sie das Training aufbauen müssen, wird im Folgenden geschildert.

Der fortgeschrittene Fährtenhund sucht sicher auf unterschiedlichem Gelände, wobei die Fährte auch einen Weg oder eine Verleitung kreuzen kann.

Kehren Sie im Training wieder zum Einsatz von Futter zurück; dieses verteilen Sie bei jeder Fährte unterschiedlich, jedoch mit Schwerpunkt zum Ende der Spur. Lassen Sie sich von niemandem überreden, jetzt auf Futter zu verzichten, „weil der Hund ja jetzt weiß, um was es geht"!

Jede Konditionierung eines Hundes erlischt im Laufe der Zeit, wenn nicht immer wieder ein Erfolgserlebnis eingebaut wird. Für die Fährte heißt das, unser Hund verliert das Interesse am Suchen einer Menschenfährte, wenn dies nicht mit Belohnung verbunden ist. Er wird lernen, dass zwar ab und zu kein Erfolg auf der Fährte zu holen ist (nämlich bei Prüfungen), er im Normalfall aber stets für seine Arbeit belohnt wird.

Legen Sie nach wie vor mehrheitlich Eigenfährten, um deren Verlauf genau zu kennen. Suchen Sie zur eigenen Bestätigung ab und zu Fremdfährten, aber auch diese sind mit Futter belegt. Verwenden Sie aber auch bei Eigenfährten vermehrt Gegenstände, die eine andere Person bei sich getragen hat. Wichtig ist, dass bei Gegenständen immer der Menschengeruch dominiert und möglichst wenig Geruchsvermischung mit Futter oder anderen Hunden erfolgt.

Unser nächstes Ziel ist der fährtensichere Suchhund. Fährtensicher bedeutet, dass er in der Lage ist, eine über einen Kilometer lange Spur, die mindestens drei Stunden alt ist, sicher auszuarbeiten. Die Fährte führt durch unterschiedliches Gelände (Wiese/Acker), überquert einen befestigten Weg und wird durch eine „Verleitung“ gekreuzt. Dazu geht eine andere Person als der Fährtenleger etwa eine halbe Stunde nach Legen der Fährte quer über mehrere Schenkel. Unser Hund muss lernen, diese Verleitung zuverlässig von der eigentlichen Fährte zu unterscheiden und zu ignorieren.

Dazu setzen wir am Anfang wieder Futter ein. Wir legen eine relativ gut bestückte Futterfährte und lassen diese von einer anderen Person überqueren. Wie immer müssen wir den Fährtenverlauf genau kennen und auch wissen, wo die Verleitung kreuzt.

Kommen wir beim Training an diese Stelle, gehen wir in kurzem Abstand hinter unserem Hund und beobachten ihn genau. Sucht er souverän über die gekreuzte Stelle hinweg und verfolgt seine Spur, reagieren wir gar nicht. Zeigt er die Überlappung kurz an, geht aber dann ruhig auf seiner Spur weiter, bestätigen wir dieses Verhalten durch Lob.

Auf keinen Fall lassen wir ihn in die falsche Spur einschwenken! Schon der Versuch dazu wird durch ein deutliches „Nein“ unterbunden, notfalls halten wir ihn auch zurück. Nimmt er die richtige Fährte wieder auf, bekommt er sofort Bestätigung durch Lob. Der Futtereinsatz unterstützt den Lernerfolg stark, da unser Hund ja nur auf „seiner“ Fährte sanktioniert wird.

Hat Ihr Hund begriffen, dass er nur auf seiner Fährte Futter findet, bauen wir das Training aus. Wir legen nun unsere Fährten in einem Gelände, in dem bereits verschiedene andere Fährten gesucht worden sind. Zunächst sollten die bereits gesuchten Fährten mindestens einen Tag alt sein, später benutzen wir durchaus auch Spuren, die nur eine Stunde vorher begangen worden sind. Entscheidend ist nach wie vor, dass wir wissen, wo die Verleitungsfährten liegen. Wir müssen vermeiden, dem Hund in eine falsche Fährte zu folgen, um erst dann den Fehler zu begreifen.

Auch das Überqueren eines befestigten (betonierten oder asphaltierten) Weges stellt kein großes Problem dar. Wir üben dies zunächst an einem Weg, der nicht vorher von anderen Hunden gegangen wurde. Vor allem Rüden neigen dazu, überall ihre Duftmarken zu hinterlassen. Unser eigener Hund kann sich dann verführen lassen, diesen Duftmarken mehr Aufmerksamkeit zu schenken als dem Fährtenverlauf. Er kann auch versuchen, die vorhandene Duftmarke mit eigenem Urin zu überdecken. Beides ist fehlerhaft und muss durch uns von Anfang an unterbunden werden.

Beim Legen der Übungsfährte überqueren wir den ausgesuchten Weg in direkter Richtung. Etwa einen halben Meter nach dem Weg legen wir einige Futterstückchen in jeden Fußabdruck. Dies behalten wir einige Zeit konsequent bei. Der Hund lernt rasch, den Weg zügig zu überqueren, um wieder zu seinem Futter zu kommen, dabei gehen wir wieder in kurzer Distanz hinter ihm.

Klappt diese Übung zuverlässig, erhöhen wir den Schwierigkeitsgrad. Wir gehen nun nicht mehr direkt, sondern schräg über den Weg, bleiben auf der anderen Seite aber

Das Überspringen von Gräben oder Durchqueren von Gebüsch erhöht den Schwierigkeitsgrad.

konsequent in unserer Richtung. Da unser Hund bisher gelernt hat, den Weg gerade zu überqueren, wird er zunächst Probleme bekommen, er stößt ja auf der anderen Wegseite nicht wieder direkt auf unsere Spur. Jetzt müssen wir ihm erlauben – und ihn ermuntern –, am Wegrand die Fortsetzung unserer Fährte, natürlich mit Futter, selbst zu finden. Dies ist notwendig, da bei Prüfungen zwar im Normalfall Wege in gerader Richtung gequert werden, das Fährtengelände den Fährtenleger aber auch einmal zwingen kann, schräg zu gehen. Hat unser Hund diese Situation nie erlebt, kann er vor ein Rätsel gestellt werden, das er nicht lösen kann.

Schritt für Schritt bauen wir nun verschiedene „Gemeinheiten" in unsere Trainingseinheiten ein. Wir bauen zum Beispiel rund einen Meter vor einem Weg einen Winkel ein, was es bisher nicht gab. Unser Hund wird wie gewohnt schnellstens über den Weg wollen, um drüben seine Fährte wieder aufzunehmen. Natürlich verhindern wir dies konsequent und halten ihn aus kurzer Distanz zurück. Nimmt er den Winkel korrekt auf, loben wir ihn entsprechend, einige

Auf diesen beiden Fotos erkennt man gut das konzentrierte Absuchen jedes Fußabdruckes, indem der Hund mit der Nase hin und her pendelt.

Schritte nach dem Winkel findet er selbstverständlich wieder Futter.

Dasselbe Verhalten unseres Hundes können wir feststellen, wenn wir kurz vor dem Weg einen Gegenstand ablegen. Wieder ist er diese Situation nicht gewöhnt, will schnell über den Weg und dabei den Gegenstand überlaufen. Auch hier gilt, in naher Distanz zum Hund zu gehen, ihn genau zu beobachten und einzugreifen, bevor der Fehler passiert ist.

Bisher war unser Hund gewohnt, nach einem Gegenstand mindestens 30 Schritte auf demselben Schenkel, also geradeaus zu gehen, bevor wieder ein Winkel kommt. Jetzt bauen wir den Winkel schon nach circa zehn Metern, also einer Leinenlänge, ein. Unser „rückwärts denkendes" Gewohnheitstier wird anfangs mit Sicherheit diesen Winkel sehr spät – wenn überhaupt – wahrnehmen. Beim Suchen gehen wir wieder kurz hinter ihm und lassen ihn den Winkel nicht überlaufen.

Wir überspringen oder durchqueren nun auch Gräben, offenes Gebüsch, altes, hoch stehendes Gras und Ähnliches. Ziel dieser ganzen eingebauten Schwierigkeiten ist es, unserem Hund klarzumachen, dass er auf jeden Fall seine Fährte – und damit sein Futter – verfolgen kann, wenn er seine Nase entsprechend einsetzt. Er lernt, mit zusätzlichen Erschwernissen wie Wagenspuren, Pfützen, Wasserläufen zurechtzukommen und um seinen Erfolg zu kämpfen.

Bitte lassen Sie sich dabei Zeit. Ein Fährtenhund hat nach unserer Erfahrung seinen Leistungshöhepunkt erst ab dem fünften Lebensjahr. Übertreiben Sie die eingebauten „Stolperstellen" nicht, gönnen Sie ihm nach einer erschwerten Trainingseinheit wieder einige normal gelegte, leichtere Fährten. Ihr Hund dankt Ihnen dies durch eine zuverlässige, freudige Arbeit.

Beschränken Sie sich auf drei bis vier Übungseinheiten pro Woche, variieren Sie die Länge der Fährte und die Liegezeit. Sind Sie selbst nicht in guter Verfassung, lassen Sie lieber ein Training ausfallen, ist Ihr Hund nicht völlig gesund, natürlich sowieso. Denken Sie daran, dass eine nach den Vorschriften der Fährtenhundprüfung absolvierte Spur für Ihren Hund eine hohe körperliche und geistige Leistung darstellt, die durchaus zu erhöhter Körpertemperatur führen kann.

Vor allem aber zerstören Sie nicht das Vertrauensverhältnis zwischen Ihnen und dem Hund, indem Sie bei einem Misserfolg die Nerven verlieren. Jedes heftige verbale Eingreifen nimmt Ihrem Hund ein Stück Leistungsbereitschaft. Eine körperliche Misshandlung kommt dabei überhaupt nicht infrage, Sie gewinnen nicht das Geringste, hätten aber bewiesen, dass Sie als Hundeführer unqualifiziert sind. Denken Sie immer daran, Hunde sind keine Maschinen, die an- und ausgeschaltet werden können. Wie wir unterliegen sie Stimmungsschwankungen, reagieren auf ihre körperliche Verfassung. Bei der Fährtenarbeit genügt ein kurzer Moment fehlender Konzentration, um die Spur zu verlieren! Hat Ihr Hund nicht gelernt, in einer solchen Situation ruhig zu versuchen, die Fährte wieder aufzunehmen, ist der Abbruch perfekt. Jetzt müssen Sie zeigen, dass Sie souverän genug sind, mit diesem Misserfolg umzugehen. Es kann auch vorkommen, dass wir den Hund einfach überfordert haben, dass er auf einer bestimmten Fährte nicht weiterkommt. Auch dann nützt ein Wutausbruch überhaupt nichts. Brechen Sie das Training ab und versuchen Sie zu erkennen, warum das Problem auftauchte. Bekanntlich können Schwierigkeiten nur dann gelöst werden, wenn der Grund bekannt ist.

Sucht Ihr Hund dann in verschiedenem Gelände eine nach den Regeln der Fährtenhundprüfung gelegte Spur souverän und zuverlässig, wird es Zeit, sich zu einer solchen Prüfung anzumelden. Sie werden feststellen, dass Sie in einen Kreis von Menschen kommen, die ein besonderes Verhältnis zu Hunden und zum Hundesport haben. Eine erfolgreiche Fährtenhundprüfung ist außerdem eine Bestätigung Ihrer ungezählten Trainingsstunden. Fährtenarbeit können Sie mit Ihrem Hund über viele Jahre ausführen, natürlich vorausgesetzt, er bleibt gesund. Selbst habe ich einen Hund bis zum Ende seines 13. Lebensjahres auf der Fährte geführt. Sein Sehvermögen war zu diesem Zeitpunkt schon eingeschränkt, die Leistung seiner Nase aber keineswegs. Nach wie vor war die Ausarbeitung einer Fährte für ihn ein deutlich sichtbarer Glücksmoment.

Warum überhaupt Hundesport?

Wer Hundesport betreibt, um sich selbst ins Rampenlicht zu stellen, das er anders nicht erreichen kann, befindet sich auf gefährlichem Terrain. Zu groß ist die Gefahr, unseren Hund nur als Mittel zum Zweck zu sehen und ihn ohne Rücksicht auf seine eigene Persönlichkeit und ohne Rücksicht auf sein Recht als Lebewesen zu verschleißen. Wer in seinem Hund gar eine Waffe sieht, mit der eigene Ängste und Minderwertigkeitsgefühle kompensiert werden sollen, ist völlig fehl am Platz. Genauso unverantwortlich ist es auch, einen Hund zu besitzen, ohne dessen spezifische Bedürfnisse überhaupt zu kennen. Heinz Weidt schreibt sehr drastisch – aber richtig –, dass ein Hundebesitzer, der sich nicht klarmacht, dass für ein so hoch entwickeltes Wesen wie den Hund seelisches Wohlbefinden mindestens genauso wichtig ist wie körperliches, mit einer Schildkröte weit besser bedient wäre. Wäre dies anders, gäbe es weit weniger unglückliche Hunde und weniger enttäuschte Hundebesitzer.

Seelisches Wohlbefinden eines Hundes setzt einige Mindestnotwendigkeiten voraus. Vor allem braucht er eine enge Bindung zu seinem menschlichen Rudel, also zu seinem Besitzer oder gegebenenfalls der Familie. Ruhe und Sicherheit findet ein Hund nur, wenn er eine klar definierte Stellung im „Rudel“ hat und sich völlig auf dieses verlassen kann. Er braucht klare Grenzen und Verhaltensrahmen. Aufgrund seiner spezifischen Denkprozesse kann er nicht begreifen, warum er ein bestimmtes Verhalten einmal zeigen darf und dann wieder dafür bestraft wird. Nicht wenige Hunde werden neurotisch, weil ihnen genau dieser klar umrissene Rahmen fehlt.

Als Wolf im Haushalt – und er hat eben noch sehr viel wölfisches Erbe – muss er seine genetisch vorhandenen Triebe ausleben können, dies ist in unserer Gesellschaft aber alles andere als einfach. Wo soll ein Hund heute noch jagen, hetzen, greifen? Wie soll er Beute machen und totschütteln? Wie soll er seine Sozialbedürfnisse ausleben?

Die Verantwortung dafür, seinem Hund diese Möglichkeiten, soweit es überhaupt machbar ist, zu verschaffen, liegt bei uns Hundebesitzern. Dabei genügt es keinesfalls, unseren Hund täglich einmal zu einem Treffpunkt zu chauffieren, wo er mit anderen Hunden spielen kann. Es ist zwar sehr positiv, dies zu tun, aber unsere Aufgabe als Hundebesitzer haben wir mit einer Transportdienstleistung nicht erfüllt.

Das soziale Wesen Hund braucht gemeinsames Spiel mit uns, seinem Rudelpartner. Er braucht Aufgaben, die er mit uns zusammen löst. Er braucht auch die Ruhephase direkt in unserer Nähe.

All diese Voraussetzungen bietet der Hundesport. Dabei ist völlig egal, für welche Sparte Sie sich entscheiden, es kommt nur darauf an, überhaupt etwas gemeinsam mit Ihrem Hund zu tun. Eberhard Trumler nennt die Arbeit mit Hunden eine Art Spiel, allerdings in festen, vom Menschen bestimmten Grenzen. An dieser Stelle möchte ich mit der – auch bei Hundesportlern – weitverbreiteten Ansicht aufräumen, für unsere Hunde gäbe es „Spiel“ und „Arbeit“. Die Trennung von produktiver, bezahlter Arbeit und Freizeit ist ein ausschließlich menschliches Phänomen, für Tiere gibt es sie nicht. Hunden ist völlig egal, ob sie nach unserer Meinung jetzt gerade spielen, trainieren oder während einer Prüfung arbeiten. Für sie ist nur wichtig, dass sie überhaupt etwas mit uns tun! Da sie, wie geschildert, ihr Leben lang lernen, ob wir das nun gerade beabsichtigen oder nicht, brauchen sie immer neue Herausforderungen und Lernziele. Wie diese aussehen, ist unerheblich.

Wenn Hunde „Prüfungsstress“ zeigen, und dies gibt es durchaus, liegt das nicht etwa daran, dass ihnen bewusst wäre, um was es gerade heute geht. Sie reagieren vielmehr auf veränderte Umweltsituationen, andere Rahmenbedingungen und nicht zuletzt auf die Anspannung ihrer Besitzer.

Eine Prüfung auf einem fremden Hundesportplatz, in einem fremden Fährtengelände bedeutet immer auch neue Impulse, neue Ablenkungen für den Hund. Diese passen unter Umständen nicht in sein gespeichertes Ablaufschema, er kann unruhig werden und damit zu Fehlern im Übungsablauf neigen. Wenn dann von Hundeführern zu hören ist, ihr Hund habe sie „heute im Stich gelassen“, zeigt dies nur eines: keinerlei Verständnis für

Hunde und keinerlei Wissen von deren Lernprozess und Denkvermögen. Da Hunde Gut oder Böse im menschlichen Sinne nicht kennen, da sie nie „für mich arbeiten“, sondern immer versuchen, das für sie vorteilhafteste Verhalten zu zeigen, können sie uns auch nicht „im Stich lassen“.

Wer allerdings mit diesem Wissen seinen Hund sportlich führt, der wird eine Bereicherung seiner eigenen Lebensqualität erfahren, sein Hund sowieso. Dies kann so weit gehen, dass Sie sich ein Leben ohne Hund gar nicht mehr vorstellen können, dass jede Übungsstunde und jede neue Erfahrung Glücksgefühle erzeugt.

Sehen Sie sich um bei den Hundesportvereinen in Ihrer Nähe, beobachten Sie den Trainingsverlauf und wie dabei auf die Hunde eingegangen wird. Fragen Sie die Verantwortlichen, welche Sparten angeboten werden und warum. Sagt Ihnen alles – oder fast alles – zu, dann melden Sie sich an, egal, wie alt Ihr jetziger Hund ist. Und ganz bestimmt werden Sie mit Ihrem nächsten Welpen bei einem Hundesportverein zur Spielstunde gehen!

Literatur

Dildei, Gottfried:
Tracking (Video)
Canine Training Systems

Haberhauffe, Lothar/Albrecht, Günter:
Diensthunde – Abrichtung und Haltung
Berlin: Deutscher Landwirtschafts-verlag, 1990

Lind, Ekard:
Mensch – Hund – Harmonie
München: Gräfe und Unzer, 2002.

Müller, Manfred:
Der leistungsstarke Fährtenhund
Reutlingen: Oertel + Spörer, 2002

Trumler, Eberhard:
Mit dem Hund auf du
München: Piper, 1971

Wegmann, Angela/Heines, Wilfried:
Such und Hilf
Mürlenbach: Kynos, 1989

Weidt, Heinz:
Der Hund, mit dem wir leben
Hamburg: Paul Parey, 1989

Zimen, Erik:
Der Hund
München: C. Bertelsmann, 1988

Prüfungsordnung des Verbandes für das deutsche Hundewesen
Stand Juli 2000

CADMOS HUNDEBÜCHER

Aus dem Inhalt

- Bestaunen Sie, zu welchen Superleistungen die Hundenase fähig ist.
- Basteln Sie intelligente Leckerchen-Automaten.
- Überraschen Sie Ihren Hund mit spaßbringenden Kau-Spielen.
- Bewältigen Sie gemeinsam einen Wohnzimmer-Parcours.
- Lassen Sie den Spaziergang zu einem spannenden Abenteuer werden.
- Gestalten Sie Ihren Garten zeitweise zu einem Hunde-Spielplatz um.
- Machen Sie ein fröhliches Spiel aus den Übungen zur Alltagstauglichkeit

Gemeinsame Aktivitäten machen Hund und Mensch Spaß. Sie lasten den Hund aus, geben ihm Selbstvertrauen und stärken die Bindung zwischen Hund und Mensch. Die in diesem Buch vorgestellten Beschäftigungsideen sind leicht umsetzbar und ohne großen Zeitaufwand in den ganz normalen Alltag einzubauen.

128 Seiten, gebunden
ISBN 978-3-86127-782-8

Cadmos Verlag GmbH · Im Dorfe 11 · 22946 Brunsbek
Tel. 04107 8517-0 · Fax 04107 8517-12
Besuchen Sie uns im Internet: **www.cadmos.de**

CADMOS